Sur la manière de négocier avec les princes.

Sur les usages de la diplomatie ; le choix des ministres et des envoyés ; et les qualités personnelles nécessaires à la réussite des missions à l'étranger

Monsieur de Callières

Writat

Cette édition parue en 2023

ISBN : 9789359258317

Publié par
Writat
email : info@writat.com

INTRODUCTION

LA DIPLOMATIE est l'un des arts politiques les plus élevés. Dans une république bien ordonnée, il jouirait de l'estime due à un grand service public entre les mains duquel repose en grande partie la sécurité du peuple ; et elle attirerait ainsi dans ses rangs toute la part de la capacité et de l'énergie nationales qui, pour la plupart, sont aujourd'hui consacrées à d'autres professions. Mais le service diplomatique, de tout temps et dans presque tous les pays, a souffert du manque d'appréciation du public, même s'il n'a peut-être jamais eu autant de détracteurs qu'aujourd'hui. Son impopularité presque sans précédent est due à des causes diverses, dont certaines sont temporaires et amovibles, tandis que d'autres doivent être permanentes dans les affaires humaines, car elles ont été constatées à l'époque où l'auteur de ce petit livre brillait dans la diplomatie française. La cause majeure est la négligence du public ; mais cela est également dû, dans une large mesure, à la confusion qui prévaut entre la politique, qui est la substance, et la diplomatie proprement dite, qui est le processus par lequel elle est mise en œuvre. Cette confusion existe non seulement dans l'esprit populaire, mais même dans les écrits des historiens dont on pourrait attendre qu'ils pratiquent un meilleur discernement. La politique est la préoccupation des gouvernements. La responsabilité appartient donc au secrétaire d'État qui dirige la politique et en nomme les agents. Mais la doctrine constitutionnelle de la responsabilité ministérielle n'est pas une réalité constante. Personne ne soutiendra que le succès de Lord Cromer en Egypte était dû à la sagesse de Whitehall, ou à autre chose qu'à ses propres qualités remarquables. Un jugement juste sur notre récente diplomatie balkanique ne peut pas non plus manquer d'attribuer une lourde part de responsabilité à l'incompétence de plus d'un « homme sur place ». La vérité est que l'ensemble du système, dont, à des degrés divers, Downing Street et les ambassades à l'étranger sont *tous deux* responsables, n'est pas à la hauteur des besoins du moment, et ne le sera pas tant que les excellentes maximes de Callières ne deviendront pas la pratique courante. du service.

Ces maximes se retrouvent dans le petit livre dont une traduction libre est ici présentée. François de Callières considère la diplomatie comme l'art pratiqué par le *négociateur* — nom le plus approprié pour le diplomate — pour exécuter les instructions des hommes d'État et des princes. Le choix même du mot *manière* dans son titre montre qu'il conçoit la diplomatie comme la servante et non l'auteur de la politique ; et en effet , son argument ne date pas de plusieurs pages avant qu'on l'entende insister sur le fait qu'il est « l'agent d'une haute politique ». Le respect de cette distinction est la première condition d'une critique féconde. Il vaut donc la peine , dès le départ, de dissiper l'obscurité et la confusion qui entourent le sujet et ainsi, dans une certaine mesure, de soulager la diplomatie en général et le diplomate en particulier du fardeau de critiques injustes et hors de propos.

La « diplomatie secrète » a joué un rôle si important dans le débat public récent que la confusion entre politique étrangère et diplomatie proprement dite n'a été que plus confuse. Et même là où les critiques de la diplomatie ont limité la portée de leurs attaques à la question de l'efficacité de notre représentation à l'étranger, la nature de leurs critiques laisse penser que la diplomatie est ce métier éblouissant et périlleux qui figure dans les pages de M. .Le Queux . L'image de jeunes brillants et de barbes grises rusées couchées assidûment à l'étranger pour le bien de leur pays continue de remplir l'imagination populaire, même si la lecture de l'un des excellents mémoires des grands diplomates du passé suffirait à prouver que le célèbre livre de Sir Henry Wotton l'esprit d'esprit dépassait de loin la vérité. Pour chaque occasion où la tromperie a été pratiquée , il y en a une douzaine où la négociation a suivi le cours évident d'une discussion pratique dans laquelle « l'application de l'intelligence et du tact » a conduit à un accord. En substance, la diplomatie exige donc les mêmes qualités que toute autre forme de négociation. Sa véritable méthode ressemble beaucoup à une transaction commerciale. La seule différence essentielle entre une négociation commerciale élevée et une transaction diplomatique est que dans la première, les parties contractantes sont contraintes d'observer certaines règles et sont liées non seulement par certaines conventions strictes, mais par des lois exécutoires ; dans ce dernier cas, les parties ne reconnaissent aucune limite à leurs prétentions et à leurs ambitions, sauf celles fixées par le souci de leur propre convenance ou par les limites de leurs propres forces militaires. Le diplomate acquiert ainsi une éminence tout à fait fictive parmi ses semblables et assume une fierté excessive de sa fonction parce qu'il représente un État souverain qui ne reconnaît aucun maître.

Or, une discussion sur les problèmes soulevés par la souveraineté illimitée revendiquée par chaque nation dans les affaires étrangères porterait cet argument bien au-delà des limites de la diplomatie proprement dite et doit être laissée à ceux qui tentent actuellement de trouver une base solide pour une Société des Nations. Mais puisque cette affirmation est la cause première de tous les conflits armés, elle ne peut être entièrement ignorée ; car aussi longtemps qu'elle persistera, elle exercera une profonde influence sur le caractère de la diplomatie elle-même et aura une incidence directe sur la question de l'efficacité du diplomate. L'action de nos représentants à l'étranger entraîne avec elle l'alternative constante de la paix et de la guerre. « L'art de négocier avec les princes, dit Callières , est si important que le sort des plus grands États dépend souvent de la bonne ou de la mauvaise conduite des négociations et du degré de capacité des négociateurs employés. La conscience que le négociateur remplit une des fonctions de souveraineté doit lui donner un sens profond de responsabilité et un souci constant de sa propre efficacité. Et le Gouvernement de l'Intérieur a l'obligation préalable, selon les mots encore une fois de Callières , « d'examiner avec le plus grand soin les qualités naturelles ou acquises des citoyens qu'il envoie en mission à l'étranger ».

L'épigramme qui nous dit que les nations ont les gouvernements qu'elles méritent a une incidence étroite sur cet aspect de la diplomatie. La principale question est celle de l'efficacité du service, qui a retenu peu l'attention du public en raison de la popularité de la campagne contre le secret de l'action diplomatique. Le secret de la diplomatie est communément considéré comme le complice du militarisme européen ; et beaucoup de ceux qui aspirent à un monde meilleur après la guerre espèrent qu'en faisant la lumière sur les manœuvres des grandes puissances, leurs desseins maléfiques pourront être stoppés avant qu'ils ne créent ces crises d'animosité récurrentes que nous connaissions si bien avant la guerre. Il y a tellement de vérité évidente dans cette vision que même *le Times* l'a reconnu ainsi : « Qui donc fait la guerre ? La réponse se trouve dans les Chancelleries d'Europe, parmi les hommes qui ont trop longtemps joué avec les vies humaines comme des pions dans une partie d'échecs, qui se sont tellement empêtrés dans les formules et le jargon de la diplomatie qu'ils ont cessé d'en être conscients. des réalités poignantes avec lesquelles ils se moquent. Et ainsi, la guerre continuera jusqu'à ce que les grandes masses, qui sont le jeu des intrigants professionnels, disent la parole qui apportera, non pas la paix éternelle, car cela est impossible, mais la détermination que les guerres ne seront menées que d'une manière juste, juste et équitable. cause vitale » (*The Times* , 23 novembre 1912). La justification de la demande croissante d'un contrôle populaire de la politique étrangère ne pourrait être formulée de manière plus succincte.

Dans l'argumentation habituelle contre le secret diplomatique, il existe cependant une certaine confusion de pensée. C'est contre *les politiques secrètes* , dans lesquelles la responsabilité nationale peut être illimitée, que la seule véritable protestation peut être élevée ; car de telles politiques sont la négation même de la démocratie et le déni du droit populaire le plus fondamental, à savoir que le citoyen sache dans quelles conditions son pays peut lui demander de donner sa vie. Mais cette justification du contrôle populaire ne présuppose pas la publication des négociations diplomatiques. Au contraire, elle repose sur l'hypothèse que le peuple et le Parlement sauront où tracer la frontière entre le contrôle nécessaire en matière de principe et la liberté discrétionnaire tout aussi nécessaire de l'expert en négociation. Il s'ensuit donc que les arguments en faveur d'une réforme ne sont qu'affaiblis par ceux qui lancent des attaques aveugles contre l'ensemble du service diplomatique – combien elles sont amplement méritées dans certains cas, combien manifestement injustes dans d'autres – et en particulier par ceux qui professent croire que le mécanisme du la diplomatie pourrait être rendue plus fluide grâce à la publicité. La presse moderne n'est pas si heureuse que cela comme commentateur ; et l'on peut ici rappeler la réflexion pertinente de Napoléon : « *Le canon a tué la féodalité : l'encre tuera la société moderne* ». S'il est nécessaire pour le bien public que la politique étrangère soit connue et discutée intelligemment par les peuples qu'elle concerne de si près, il est tout aussi nécessaire que les peuples ne se mêlent pas du processus même de la diplomatie, mais, après s'être assurés de tirer le meilleur parti de leurs fonctionnaires dans leur service extérieur, devraient en toute confiance laisser ces transactions tranquilles entre les mains de l'expert. Dans toutes les activités du gouvernement, c'est clairement la bonne division du travail entre le peuple et l'expert-conseil ; et dans aucun domaine cela ne devrait être plus scrupuleusement observé que dans les affaires étrangères.

Les lecteurs de ce petit livre – que Sir Ernest Satow a récemment qualifié de « mine de sagesse politique » – comprendront vite combien cette revue introductive de la diplomatie moderne doit aux maximes suggestives de François de Callières . Et s'ils trouvent dans les pages suivantes autant d'excitation et de plaisir que le traducteur en a pris à les préparer, le plénipotentiaire de Louis XIV devrait se faire une foule de nouveaux amis.

AF POURQUOI.

A Son Altesse Royale, Monseigneur le Duc d'Orléans , Régent du Royaume.

MONSEIGNEUR ,— Cet ouvrage, que j'ai l' honneur de présenter à Votre Altesse Royale, a pour but : de donner une idée des qualités personnelles et des connaissances générales nécessaires à tout bon négociateur ; leur indiquer les chemins qu'ils doivent suivre et les rochers qu'ils doivent éviter ; et d'exhorter ceux qui se destinent au service extérieur de leur pays, à se rendre capables de s'acquitter dignement de cette fonction élevée, importante et difficile avant d'y entrer.

L' honneur que m'a fait feu le roi en me chargeant de ses commandements et de ses pleins pouvoirs pour les négociations étrangères, et particulièrement pour celles qui ont conduit au traité de Ryswick, a redoublé l'attention que j'ai toujours portée depuis mes plus jeunes années à mes propres affaires. instruction sur le pouvoir, les droits et les ambitions de chacun des principaux monarchies et États de l'Europe, sur leurs intérêts divergents et les formes de leur gouvernement, sur les causes de leurs ententes et malentendus, et enfin sur les traités qu'ils ont conclus. fait l'un avec l'autre; afin d'utiliser ces connaissances au mieux chaque fois que l'occasion s'en présente au service de mon Roi et de mon Pays. Après la perte que la France vient de perdre de ce grand roi, dont le règne fut si plein de gloire et de triomphe, elle avait bien besoin que la main de Dieu, qui l'a toujours soutenue dans ses nécessités, continue à la guider. Il nous fallait en effet chercher l'aide divine pour nous soutenir pendant la minorité de Sa Majesté actuelle, afin d'espérer que la Main toute-puissante façonnerait un prince de sang et d'esprit semblables à celui qui est parti. La Régence avait besoin d'une intelligence du plus haut ordre, d'une capacité sans limites, d'une vision claire du caractère des personnes et des événements, et d'une activité infatigable qui augmenterait à chaque nouvelle demande formulée par les intérêts de l'État - tout cela était réuni dans la personne. d'un prince à la fois juste, aimable, bienfaisant, dont le caractère pourrait lui valoir le titre de véritable père de sa patrie. Ce sont là les traits si fortement et si profondément marqués en vous, Monseigneur, qui ont mis toute la France à genoux en hommage devant vous, avec pleine confiance et bonheur, et un prestige glorieux qui passera intact à nos plus lointains descendants comme un digne symbole. de ta grande règle.

Je suis, avec un profond respect et un attachement zélé et affectueux à votre Personne, Monseigneur,

Le serviteur le plus humble, obéissant et fidèle de Votre Altesse Royale,

DE CALLIÈRES.

L'art de la négociation.

L' art de négocier avec les princes est si important que le sort des plus grands États dépend souvent de la bonne ou de la mauvaise conduite des négociations et du degré de capacité des négociateurs employés. Ainsi les monarques et leurs ministres d'État ne peuvent examiner avec trop de soin les qualités naturelles ou acquises des citoyens qu'ils envoient en mission dans les États étrangers pour y entretenir de bonnes relations avec leurs maîtres, pour conclure des traités de paix, d'alliance, de commerce ou de commerce. d'autres sortes, ou pour empêcher d'autres puissances de conclure de tels traités au préjudice de leur propre maître ; et d'une manière générale, prendre en charge les intérêts qui peuvent être affectés par les diverses conjonctures des événements. Tout prince chrétien doit avoir pour maxime principale de ne pas employer les armes pour soutenir ou défendre ses droits avant d'avoir employé et épuisé la voie de la raison et de la persuasion. Il est aussi de son intérêt d'ajouter à la raison et à la persuasion l'influence des bienfaits conférés, ce qui est en effet un des moyens les plus sûrs d'assurer son propre pouvoir et de l'augmenter. Mais il faut surtout qu'il emploie à son service de bons ouvriers , qui sachent employer au mieux toutes ces méthodes et gagner les cœurs et les volontés des hommes, car c'est en cela que consiste principalement la science de la négociation.

Négligence française de la diplomatie.

Notre nation est si guerrière que nous ne pouvons guère concevoir d'autre sorte de gloire ou d' honneur que ceux gagnés dans le métier des armes. C'est pourquoi la plupart des Français de bonne naissance s'appliquent avec zèle au métier des armes pour y progresser, mais négligent l'étude des intérêts divers qui divisent l'Europe et qui sont source de guerres fréquentes. . Cette inclination et cette application naturelle de notre peuple aboutissent à une riche réserve de bons officiers généraux, et nous n'avons pas à nous étonner si l'on considère qu'aucun gentilhomme de qualité ne peut recevoir un haut commandement dans les armées du roi s'il n'a pas déjà passé par toutes ces étapes par lesquelles un soldat peut s'équiper pour la guerre.

Mais hélas, il n'en va pas de même pour nos négociateurs. Ils sont en effet rares chez nous, parce qu'il n'y a eu en général aucune discipline ni règles fixes du service extérieur de Sa Majesté par lesquelles les bons citoyens destinés à devenir négociateurs pouvaient s'instruire des connaissances nécessaires à ce genre d'emploi. Et en effet, nous constatons qu'au lieu d'une promotion graduelle par degrés et par la preuve d'une capacité et d'une expérience prouvées, comme c'est le cas dans les usages de la guerre, on voit souvent des hommes qui n'ont jamais quitté leur propre pays, qui ne se sont jamais appliqués à les études des affaires publiques, étant de peu d'intelligence, nommés pour ainsi dire du jour au lendemain dans des ambassades importantes dans des pays dont ils ne connaissent ni les intérêts, ni les lois, ni les coutumes, ni la langue, ni même la situation géographique. Et pourtant, je peux hasarder l'hypothèse qu'il n'y a peut-être pas d'emploi dans tout le service de Sa Majesté plus difficile à remplir que celui de négociation. Cela demande toute la pénétration, toute la dextérité, toute la souplesse qu'un homme peut bien posséder. Cela nécessite une compréhension et une connaissance étendues, et surtout un discernement correct et perçant.

La diplomatie, un métier d'expert.

Je ne suis pas surpris que des hommes qui se sont lancés dans cette carrière pour des titres et des émoluments, n'ayant aucune idée des véritables devoirs de leur charge, aient causé un grave préjudice à l'intérêt public pendant leur apprentissage dans ce service. Ces novices en négociation s'enivrent facilement des honneurs faits en leur personne à la dignité de leur maître royal. Ils sont comme l'âne de la fable qui reçut pour lui tout l'encens brûlé devant la statue de la déesse qu'il portait sur son dos. Cela arrive surtout à ceux qui sont employés par un grand monarque en mission auprès des princes d'un ordre inférieur, car ils ont tendance à mettre dans leurs discours les comparaisons les plus odieuses, ainsi que les menaces voilées, qui ne sont en réalité qu'une marque de faiblesse. . De tels ambassadeurs ne manquent pas d'attirer sur eux l'aversion de la cour auprès de laquelle ils sont accrédités, et ils ressemblent plus à des hérauts d'armes qu'à des ambassadeurs dont le principal but est d'entretenir toujours une bonne correspondance entre leur maître et les princes auprès desquels ils sont accrédités. . Dans tous les cas, ils devraient représenter le pouvoir de leur propre souverain comme un moyen de maintenir et d'accroître celui de la cour étrangère, au lieu de s'en servir comme d'une odieuse comparaison destinée à humilier et à mépriser. Ces malheurs et bien d'autres, qui sont le résultat du manque de capacité et de la conduite insensée de beaucoup de citoyens employés par les princes pour s'occuper des affaires publiques au dehors, m'ont fait croire qu'il n'est nullement impertinent de formuler quelques observations. sur la manière de négocier avec les souverains et avec leurs ministres, sur les qualités nécessaires à ceux qui veulent adopter le métier de diplomate, et sur les moyens que prendront les princes sages pour s'assurer un bon choix d'hommes bien adaptés à la fois au métier. de négociation et vers les différents pays où ils pourront être envoyés. Mais avant d'entrer dans les détails de mon sujet, il est peut-être bon que j'explique l'utilité et la nécessité pour les princes d'entretenir des négociations continuelles sous la forme d'ambassades permanentes auprès de tous les grands États, tant dans les pays voisins que dans les pays plus éloignés, en temps de guerre . ainsi qu'en toute tranquillité.

L'utilité de la négociation.

Pour comprendre l'usage permanent de la diplomatie et la nécessité de négociations continuelles, nous devons considérer les États qui composent l'Europe comme étant reliés entre eux par toutes sortes de commerces nécessaires, de telle manière qu'ils peuvent être considérés comme membres d'une seule République. et qu'aucun changement considérable ne peut avoir lieu dans l'un d'eux sans affecter la condition ou troubler la paix de tous les autres. La bévue du plus petit des souverains peut en effet jeter une pomme de discorde entre toutes les plus grandes puissances, car il n'y a pas d'État aussi grand qui ne trouve utile d'avoir des relations avec les petits États et de chercher des amis parmi les différents partis dont même le plus petit État est composé. L'histoire regorge des conséquences de ces conflits qui ont souvent débuté dans de petits événements, faciles à contrôler ou à réprimer à leur naissance, mais qui, pris en ampleur, sont devenus les causes de guerres longues et sanglantes qui ont ravagé les principaux États de la chrétienté. Or ces actions et réactions entre un État et un autre obligent le monarque sagace et ses ministres à maintenir un processus diplomatique continu dans tous ces États dans le but d'enregistrer les événements au fur et à mesure qu'ils se produisent et d'en lire leur véritable signification avec diligence et exactitude. On peut dire que ce genre de connaissance est l'un des aspects les plus importants et les plus nécessaires d'un bon gouvernement, car en effet la paix intérieure de l'État dépend largement des mesures appropriées prises dans son service extérieur pour se faire des amis parmi les États bien intentionnés, et par une action opportune pour résister à ceux qui nourrissent des desseins hostiles. Il n'y a en effet aucun prince si puissant qu'il puisse se permettre de négliger l'aide offerte par une bonne alliance, pour résister aux forces de puissances hostiles que la jalousie de ses biens pousse à s'unir dans une coalition hostile.

Le diplomate : un agent de haute politique.

Or, le négociateur éclairé et assidu sert non seulement à découvrir tous les projets et cabales par lesquels des coalitions peuvent surgir contre son prince dans le pays où il est envoyé négocier, mais encore à dissiper leurs tout débuts en donnant des conseils opportuns. Il est facile de détruire même les plus grandes entreprises dès leur naissance ; et comme il leur faut souvent plusieurs ressorts pour les mouvoir, il n'est guère possible qu'une intrigue hostile mûrisse sans qu'elle parvienne aux oreilles d'un négociateur attentif habitant le lieu où elle se trame. Le négociateur habile saura profiter des diverses dispositions et changements qui surgissent dans le pays où il réside, non seulement pour faire échouer des desseins hostiles aux intérêts de son maître, mais aussi dans le but positif et fécond de parvenir à un accord. résultat approprié ces autres conceptions qui peuvent fonctionner à son avantage. Par son industrie et son application, il peut lui-même produire des changements d'opinion favorables à la charge qu'il doit remplir ; en effet, s'il parvient à capter la marée une seule fois au bon moment, il peut conférer à son prince un bénéfice cent fois plus grand que n'importe quelle dépense en trésor ou en effort personnel qu'il aurait pu engager. Or, si un monarque attend, avant d'envoyer ses envoyés dans les pays proches et lointains, que des événements importants se produisent, par exemple jusqu'à ce qu'il s'agisse d'empêcher la conclusion de quelque traité qui confère un avantage à une puissance ennemie, ou d'une déclaration de guerre contre un allié qui priverait le monarque lui-même de l'assistance de cet allié même à d'autres fins - on constatera que les négociateurs, envoyés ainsi à la onzième heure dans des occasions urgentes, n'ont pas le temps d'explorer le terrain ou d'étudier les habitudes d'esprit de la cour étrangère ou pour créer les liaisons nécessaires ou pour changer le cours des événements déjà en plein essor, à moins qu'ils n'apportent avec eux des sommes énormes dont le déboursement doit peser lourdement sur le trésor de leur maître, et qui risquent , en vérité, d'être payé trop tard.

Cardinal Richelieu.

Le cardinal de Richelieu, que j'ai présenté comme le modèle de tous les hommes d'État, envers qui la France doit une très grande dette, maintenait dans toutes sortes de pays une diplomatie ininterrompue, et il tirait ainsi incontestablement un énorme avantage pour son maître. Il témoigne de cette vérité dans son propre testament politique, en parlant ainsi :

« Les États d'Europe jouissent de tous les avantages d'une négociation continue dans la mesure où elle est conduite avec prudence. Personne ne pourrait croire à la grandeur de ces avantages s'il n'en a pas fait l'expérience. J'avoue que ce n'est qu'après avoir eu cinq ou six ans d' expérience dans la direction des hautes affaires que je me suis rendu compte de cette vérité, mais j'en suis maintenant si fermement persuadé que je dirai hardiment que le service qu'un service régulier et ininterrompu Un système diplomatique, mené en public et en secret dans tous les pays, même là où aucun fruit immédiat ne peut être récolté, est l'une des premières nécessités de la santé et du bien-être de l'État. Je peux dire avec vérité que de mon temps j'ai vu la face des choses en France et dans la chrétienté complètement changée parce que sous l'autorité de Sa Majesté j'ai pu mettre en pratique ce principe qui jusqu'à mon époque avait été absolument négligé par les ministres de ce royaume. Le Cardinal ajoute : « La lumière de la nature apprend à chacun de nous, dans sa vie privée, à entretenir des relations avec ses voisins , car de même que leur proximité leur permet de nuire, de même elles leur permettent aussi de nous rendre service, tout comme les abords d'une ville soit entraver, soit faciliter son approche. Et il ajoute : « Les hommes les plus méchants confinent leurs perspectives dans les villes où ils sont nés. Mais ceux à qui Dieu a donné une plus grande lumière ne négligeront aucun moyen d'amélioration, qu'il vienne de près ou de loin. Le témoignage de ce grand génie mérite d'autant plus d'attention que les hauts services qu'il a rendus à son roi par la voie des négociations prouvent de manière convaincante qu'il dit la vérité. Aucun événement considérable ne se produisit en Europe pendant son ministère dans lequel il ne jouât un grand rôle, et il fut souvent l'agent principal des grands mouvements de son temps. C'est lui qui a conçu la révolution au Portugal en 1640, par laquelle l'héritier légitime de la couronne a repris le trône. Il profite du mécontentement des Catalans qui se révoltent la même année. Il n'hésita pas à encourager les négociations même avec les Maures africains. Auparavant, il avait mené à bien ses travaux dans le Nord en persuadant Gustave-Adolphe, roi de Suède, d'envahir l'Allemagne et de la délivrer ainsi de l'esclavage de la maison d'Autriche qui régnait alors de manière despotique, détrônant ses princes et se débarrassant de leurs États et de leurs titres à ses propres serviteurs de cour. La rumeur attribue même la révolution en Bohême à l'action du cardinal de Richelieu. Il forma et entretint plusieurs ligues ; il gagna à la France plusieurs grands alliés qui contribuèrent au succès de ses hauts desseins, dans lesquels l'abaissement de la prodigieuse puissance de la maison d'Autriche fut toujours le principal ; et à travers tous ces desseins, nous pouvons tracer le fil ininterrompu d'un système diplomatique bien entretenu, agissant comme l'agent obéissant et capable du grand ministre lui-même, dont la profonde capacité et le vaste génie trouvèrent ainsi un champ d'action favorable .

Valeur de la diplomatie.

Il n'est pas nécessaire de remonter très loin dans le passé pour comprendre ce qui peut être obtenu par la négociation. Nous voyons quotidiennement autour de nous ses effets déterminés dans des révolutions soudaines favorables à tel grand dessein d'État ou à celui-là, dans l'usage de la sédition pour fermenter les haines entre les nations, pour amener des rivaux jaloux à s'armer les uns contre les autres pour que les *tertius gaudens* puissent en profiter, dans la formation de ligues et autres traités de diverses sortes entre des monarques dont les intérêts pourraient autrement s'opposer, dans la dissolution par des moyens astucieux des unions les plus étroites entre les États : en un mot, on peut dire que l'art de la négociation, selon sa conduite, est le bien ou le mal, donne forme aux grandes affaires et peut transformer une foule d'événements mineurs en une influence utile sur le cours des plus grandes. En fait, nous pouvons voir dans la diplomatie ainsi menée une plus grande influence à bien des égards sur la conduite et le sort de l'humanité que même dans les lois qu'ils ont eux-mêmes conçues, pour la raison que, si scrupuleux que puisse être l'homme privé dans l'obéissance à la loi, des malentendus et des conflits d'ambition surgissent facilement entre les nations et ne peuvent être réglés par un processus juridique mais seulement par une convention entre les parties en conflit. C'est à l'occasion de telles conventions que la diplomatie joue un rôle déterminant.

Il est donc facile de conclure qu'un petit nombre de négociateurs bien choisis, en poste dans les différents États de l'Europe, peuvent rendre à leur souverain et à leur État les plus grands services ; qu'un seul mot ou un seul acte peut faire plus que l'invasion d'armées entières, car le négociateur rusé saura mettre en mouvement diverses forces indigènes au pays dans lequel il négocie, et pourra ainsi épargner à son maître les vastes dépenses d'une campagne . Rien ne peut être plus utile qu'une diversion opportune ainsi mise en place.

Il est également d'un grand intérêt pour tous les grands princes que leurs négociateurs aient un caractère et une position tels qu'ils puissent agir de manière appropriée comme médiateurs dans les différends entre d'autres souverains et produire la paix par l'autorité de leur intervention. Rien ne peut contribuer davantage à la réputation, au pouvoir et au respect universel d'un monarque que d'être servi par ceux qui inspirent eux-mêmes le respect et la confiance. Un prince puissant qui entretient un système diplomatique constant servi par des négociateurs sages et instruits dans les différents États d'Europe, et qui cultive ainsi des amitiés bien choisies et entretient des sources d'informations utiles, est en mesure d'influencer le destin des États étrangers voisins . , pour maintenir la paix entre tous les États, ou pour poursuivre la guerre là où elle est favorable à son dessein. Dans toutes ces affaires, la prospérité de ses projets et la grandeur de son nom dépendent d'abord et en dernier lieu de la conduite et des qualités des négociateurs auxquels il confie ses services. Examinons donc maintenant en détail les qualités nécessaires à un bon négociateur.

Qualités personnelles du bon négociateur.

Dieu ayant doté les hommes de talents divers, le meilleur conseil qu'on puisse leur donner est de se consulter avant de choisir leur métier. Ainsi, celui qui veut entrer dans la profession de diplomate doit s'examiner pour voir s'il est né avec les qualités nécessaires pour réussir. Ces qualités sont un esprit observateur, un esprit d'application qui refuse de se laisser distraire par les plaisirs ou les amusements frivoles, un bon jugement qui prend la mesure des choses telles qu'elles sont, et qui va droit à son but par les chemins les plus courts et les plus naturels sans on s'égare dans des raffinements et des subtilités inutiles qui, en règle générale, ne réussissent qu'à rebuter ceux à qui l'on a affaire. Le négociateur doit en outre posséder cette pénétration qui lui permet de découvrir les pensées des hommes et de connaître au moindre mouvement de leur visage quelles passions s'agitent en eux, car de tels mouvements sont souvent trahis même par le négociateur le plus exercé . Il doit aussi avoir un esprit si fertile en expédients qu'il puisse aplanir facilement les difficultés qu'il rencontre dans l'exercice de ses fonctions ; il doit avoir de la présence d'esprit pour trouver une réponse prompte et féconde même aux surprises imprévues, et par des réponses aussi judicieuses il doit pouvoir se relever quand son pied a glissé. Un humour égal , une nature tranquille et patiente, toujours prêt à écouter avec attention ceux qu'il rencontre ; un discours toujours ouvert, cordial, civil, agréable, avec des manières faciles et invitantes qui contribuent largement à faire une impression favorable sur ceux qui l'entourent, ces choses sont les compléments indispensables à la profession de négociateur. Leur contraire, l'air grave et froid, un extérieur mélancolique ou rude, peuvent créer une première impression qui ne s'efface pas facilement. Avant tout, le bon négociateur doit avoir suffisamment de contrôle sur lui-même pour résister à l'envie de parler avant d'avoir vraiment réfléchi à ce qu'il va dire. Il ne doit pas chercher à se faire la réputation de pouvoir répondre immédiatement et sans préméditation à chaque proposition qui lui est faite, et il doit se garder particulièrement de tomber dans l'erreur d'un célèbre ambassadeur étranger de notre temps qui aimait tant les disputes. que chaque fois qu'il s'échauffait dans une controverse, il révélait d'importants secrets pour étayer son opinion.

L'air du mystère.

Mais il y a en effet un autre défaut dont le négociateur doit se méfier : il ne doit pas tomber dans l'erreur de supposer qu'un air de mystère, où les secrets sont faits de rien et où la moindre bagatelle est exaltée en une grande affaire d'État , est tout sauf une marque de petitesse d'esprit et dénote une incapacité à prendre la vraie mesure ni des hommes ni des choses. En effet, plus le négociateur s'habille de mystère, moins il aura les moyens de découvrir ce qui se passe et d'acquérir la confiance de ceux avec qui il traite. Une réserve continuelle est comme la serrure d'une porte qui ne se tourne jamais et qui devient si rouillée qu'à la fin personne ne peut l'ouvrir. Bien entendu, le négociateur compétent ne permettra pas que son secret lui soit retiré, sauf à son propre moment, et il devrait être capable de dissimuler à son concurrent le fait qu'il a un secret à révéler ; mais dans tous les autres domaines, il doit se rappeler que la franchise est le fondement de la confiance et que tout ce qu'il n'est pas contraint par le devoir de refuser doit être librement partagé avec ceux qui l'entourent. Il établira ainsi peu à peu des termes de confiance avec ses voisins , dont il pourra tirer d'immenses bénéfices, car il n'est pas rare qu'en échange de quelques informations triviales données par lui-même, le négociateur reçoive, comme par hasard, des nouvelles importantes. de son collègue dans une autre ambassade. Le négociateur expérimenté saura exploiter les circonstances de sa vie et de celles de ceux qui l'entourent de manière à les amener naturellement et sans retenue à parler des conditions et des affaires de leur propre pays, et d'autant plus étendu son champ d'action. et plus ses connaissances seront étendues, plus il sera sûr de recueillir des nouvelles importantes chaque jour de sa vie.

Dignité.

Il ne faut cependant pas croire qu'un bon négociateur n'a besoin que d'une haute intelligence, d'une dextérité et d'autres belles qualités d'esprit. Il doit montrer que les sentiments ordinaires du cœur humain agissent en lui, car il n'y a aucun genre d'emploi dans lequel en même temps l'élévation et la noblesse d'esprit et une bienveillante courtoisie dans les petites choses sont plus nécessaires. Un ambassadeur ressemble en effet dans un certain sens à l'acteur placé sous les yeux du public pour qu'il puisse jouer un grand rôle, car sa profession l'élève au-dessus de la condition ordinaire des hommes et le rend en quelque sorte l'égal des maîtres de l'art. la terre par ce droit de représentation qui s'attache à son service, et par les relations spéciales que sa charge lui donne avec les puissants de la terre. Il doit donc pouvoir simuler une dignité même s'il ne la possède pas ; mais cette obligation est le roc sur lequel ont péri bien des négociateurs avisés, parce qu'ils ne savaient pas en quoi consistait la dignité. Aucune négociation n'a jamais été facilitée par des menaces ouvertes ou voilées simplement pour elles-mêmes, et les négociateurs confondent trop souvent une attitude fière et arrogante avec la dignité prudente qui devrait revêtir leur fonction. Faire valoir des prétentions ou exiger des privilèges excessifs n'est que le signe de l'orgueil et du désir d'extraire de la position privilégiée d'un ambassadeur un avantage personnel et indigne, par lequel un négociateur ambitieux peut facilement et complètement compromettre toute l'autorité de l'ambassadeur. son maître. Aucun homme qui entre dans la diplomatie dans un esprit d'avarice ou avec le désir de rechercher des intérêts autres que ceux de son service, ou simplement avec le désir de gagner les applaudissements de la foule, ou d'attirer l'estime et la récompense de son maître, ne parviendra jamais à réussir. succès dans la négociation. Et même si quelque devoir important peut être bien rempli entre ses mains, cela ne peut être attribué qu'à une heureuse conjoncture d'événements qui, à elle seule, a aplani toutes les difficultés.

Influence des femmes.

Pour maintenir la dignité de la diplomatie, le négociateur doit se revêtir de libéralité et de générosité de cœur, voire de magnificence, mais tout cela avec soin et une frugalité de conception afin que les atours de sa fonction n'éclipsent pas par leur étalage les remarquables mérites de sa propre fonction. caractère et personne. Que le linge propre, les rendez-vous et la délicatesse règnent à sa table. Qu'il donne fréquemment des banquets et des divertissements en l' honneur des principaux personnages de la cour où il vit, et même en l' honneur du prince lui-même, s'il veut y prendre part. Qu'il entre aussi dans l'esprit des mêmes divertissements offerts par les autres, mais toujours d'une manière légère, sans contrainte et agréable, et toujours d'un air ouvert, bon enfant, direct, et avec un désir continu de faire plaisir aux autres. . Si l'usage du pays où il sert lui permet de converser librement avec les dames de la cour, il ne doit sous aucun prétexte négliger aucune occasion de se placer, lui et son maître, sous un jour favorable aux yeux de ces dames, car il est bien On sait que le pouvoir du charme féminin s'étend souvent jusqu'à couvrir les résolutions d'État les plus importantes. Les plus grands événements ont parfois suivi un coup d'éventail ou un signe de tête. Mais qu'il se méfie ! Qu'il fasse tout ce qui est en son pouvoir, par la magnificence de son étalage, par le poli, l'attrait et la galanterie de sa personne, pour engager leur plaisir, mais qu'il se garde de ne pas engager son propre cœur. Il ne doit jamais oublier que les compagnes de l'Amour sont l'indiscrétion et l'imprudence, et que du moment qu'il se livre aux caprices d'une femme favorisée , si sage soit-il, il court un risque grave de ne plus être maître de ses propres secrets. Nous avons souvent vu des résultats terribles résulter de ce genre de faiblesse dans laquelle même les plus grands ministres sont susceptibles de tomber, et nous n'avons pas besoin d'aller plus loin que notre époque pour trouver des exemples et des avertissements remarquables.

Le pouvoir de la bourse.

Or, comme le moyen le plus sûr de gagner la bienveillance d'un prince est de gagner les bonnes grâces de ceux qui ont le plus d'influence sur son esprit, un bon négociateur doit renforcer ses propres manières, sa perspicacité de caractère et son attrait personnel. par certaines dépenses qui l'aideront largement à lui ouvrir la route. Mais ces dépenses doivent être réparties avec la juste mesure. Ils doivent être réalisés selon une conception soignée ; et partout où des cadeaux importants sont offerts, celui qui les offre doit veiller au préalable à ce qu'ils soient reçus dans le bon esprit et surtout qu'ils ne soient pas refusés. Je ne veux pas dire qu'il n'existe pas de pays où le grand art n'est pas nécessaire pour offrir des cadeaux. Dans un tel pays, ce ne sont plus des cadeaux mais des pots-de-vin ; mais il faut toujours se rappeler qu'il y a une certaine délicatesse à observer dans tout commerce de ce genre, et qu'un don présenté dans le bon esprit, au bon moment, par la bonne personne, peut agir sur lui avec une puissance décuplée. qui le reçoit. Il existe diverses coutumes établies dans différents pays selon lesquelles l'occasion se présente de faire de petits cadeaux. Ce genre de dépense, bien qu'elle n'occasionne qu'une petite dépense d'argent, peut contribuer grandement à l'estime dans laquelle est tenu un ambassadeur et lui acquérir des amis à la cour auprès de laquelle il est accrédité. Et, en effet, la manière dont cette petite coutume est appliquée peut avoir une influence importante sur la haute politique. Et, bien sûr, en pareil cas, le négociateur expérimenté se rendra vite compte que dans chaque cour il y a certaines personnes plus spirituelles que fortunées qui ne refuseront pas une petite gratification ou une subvention secrète qui peut apporter de grands résultats, car l'esprit du ces personnes leur permettent d'entretenir une position confidentielle à la cour sans cette splendeur personnelle que peut déployer le riche noble. De telles personnes, dis-je, peuvent être d'une grande utilité pour le négociateur avisé. Parmi les divertissements, par exemple, les danseurs, qui, du fait de leur profession, ont une *entrée* moins formelle et, dans une certaine mesure, plus intime avec le prince que n'importe quel ambassadeur ne peut peut-être en avoir, se révèlent souvent des agents précieux dans les négociations. Ou encore, il arrive qu'un monarque ait autour de lui certains officiers de bas rang chargés de fonctions qui les mettent en contact étroit à la fois avec leur maître et avec l'esprit de son ministre, et qu'un présent opportun, bien fait, puisse révéler d'importants secrets. Et enfin, même les grands ministres d'État eux-mêmes ne sont peut-être pas accessibles par les mêmes moyens.

Service secret.

Il arrive fréquemment, dans les négociations comme dans la guerre, que des espions bien choisis contribuent plus que toute autre agence au succès de grands projets, et en effet il est clair qu'il n'y a rien de plus propre à bouleverser le meilleur dessein que la révélation soudaine et prématurée de l'ennemi . un secret important dont il dépend. Et comme il n'y a pas de dépense mieux conçue ni plus nécessaire que celle qui est consacrée à un service secret, il serait inexcusable qu'un ministre d'État la néglige. Le général dira avec raison qu'il préférerait avoir un régiment plutôt qu'un système d'espionnage mal équipé, et qu'il renoncerait peut-être même aux renforts s'il pouvait être informé avec précision de la disposition et du nombre des armées ennemies. De même, qu'un ambassadeur retranche toutes dépenses superflues, afin qu'il puisse disposer des fonds nécessaires pour entretenir un service secret qui l'informera de tout ce qui se passe dans le pays étranger de son service. Pourtant, malgré la vérité universellement reconnue de ce que je dis, la plupart des négociateurs dépenseront plus facilement des sommes considérables pour un grand spectacle de chevaux et de voitures, pour des rangées de laquais inutiles, que pour le paiement de quelques agents bien choisis qui pourraient les approvisionner. avec des nouvelles. Dans cette affaire, nous devrions tirer une leçon des Espagnols, qui ne négligent jamais leurs agents secrets, ce qui, j'en suis sûr, a largement contribué au succès de leurs ministres dans de nombreuses négociations importantes. C'est sans doute le succès des agents espagnols qui a conduit à l'instauration de la sage coutume de la Cour espagnole de doter les ambassadeurs espagnols d'un fonds extraordinaire appelé *Gastos Secretos* .

L' honorable espion.

L'ambassadeur a parfois été qualifié d' espion honorable , parce qu'une de ses principales occupations est de découvrir de grands secrets ; et il manque à l'accomplissement de son devoir s'il ne sait pas disposer les sommes nécessaires à cet effet. Un ambassadeur doit donc être un homme né avec une main libérale, prêt à entreprendre volontiers de grandes dépenses de ce genre ; et il doit même être prêt à le faire à ses propres frais lorsque les émoluments de son maître sont insuffisants. Car comme son but principal doit être de réussir, cet intérêt devrait éclipser tous les autres chez tout homme vraiment dévoué à son métier et capable d'y réussir. Mais, d'un autre côté, le prince sagace ne négligera pas d'équiper ses négociateurs de tous les moyens possibles pour se faire des amis et des agents secrets dans tous les pays où ses intérêts sont en jeu, car ces dépenses bien planifiées rapportent gros avec usure au prince qui les fait, et faire beaucoup pour aplanir les difficultés qui se trouvent sur le chemin de ses desseins. Et il se rendra bientôt compte que s'il n'emploie pas cet expédient, ses ministres ne pourront en effet que peu progresser dans leurs négociations. Il ne gagnera pas de nouveaux alliés mais risque de perdre les anciens.

Courage.

Le courage est une qualité essentielle chez un négociateur ; car, bien que le droit des gens doive lui donner une grande sécurité, il y a de nombreuses occasions dans lesquelles il se trouvera en danger, où il devra compter sur son propre courage et ses propres ressources pour échapper à une position périlleuse sans compromettre la négociation sur laquelle il est fiancé. Ainsi, aucun homme timide ne peut espérer mener à bien ses desseins secrets : des accidents imprévus ébranleront sa foi, et dans un moment de peur, il peut trop facilement révéler ses secrets, même par l'expression passagère de son visage et par la manière de son discours. En effet , un trop grand souci de sa sécurité personnelle peut le conduire à prendre des mesures très préjudiciables aux fonctions qu'il doit remplir. Et dans les moments où l' honneur de son maître est attaqué, sa timidité peut l'empêcher de maintenir avec la vigueur nécessaire la dignité de sa charge et le prestige de son roi. Un prélat qui était ambassadeur à Rome du roi François IER fit déshonorer son maître parce qu'il ne parvint pas à le défendre au Consistoire, où l'empereur Charles QUINT tenta de rejeter sur le roi de France l'entière responsabilité de la continuation de la guerre. la guerre, se vantant faussement d'avoir proposé d'y mettre fin par un combat singulier avec François lui-même, et que le roi de France avait refusé. Le roi était si furieux qu'il démentit publiquement l' empereur et fit connaître au monde son mécontentement à l'égard de son propre ambassadeur pour n'avoir pas défendu la dignité de la France. François prit alors la résolution de n'employer comme ambassadeur de France aucun homme qui ne fût un escrimeur expérimenté , et il espérait ainsi maintenir l' honneur de sa maison.

Fermeté dans le différend.

Un bon négociateur doit non seulement être courageux face au danger, mais aussi ferme dans le débat. Il y a beaucoup d'hommes qui sont naturellement courageux, mais qui ne peuvent maintenir une opinion contestée. Le genre de fermeté nécessaire est celui qui, après avoir soigneusement et pleinement examiné la question, ne consent à aucun compromis mais poursuit avec constance une résolution une fois adoptée jusqu'à ce qu'elle soit mise en vigueur. Le compromis est le refuge facile de l'esprit indécis. Le manque de fermeté dont je parle ici est un défaut commun à ceux qui ont une imagination vive pour tout genre d'accident qui peut arriver, et qui les empêche de déterminer avec vigueur et rapidité les moyens par lesquels il faut agir . Ils examineront une question sous tant de facettes qu'ils en oublieront la direction dans laquelle ils voyagent. Cette irrésolution est très préjudiciable à la conduite de grandes affaires qui exigent un esprit de décision, agissant sur un équilibre minutieux des avantages et des désavantages, et poursuivant sans relâche le but principal. On dit que le cardinal de Richelieu, qui avait peut-être des vues plus larges que n'importe quel homme de son temps, était quelque peu indécis lorsqu'il passait à l'action, et que le père Joseph, le capucin, d'une intelligence beaucoup plus étroite que le cardinal, était de la plus grande valeur pour lui. parce qu'une fois la décision prise, il la poursuivait avec ténacité et aidait souvent le cardinal à repousser les projets de compromis par lesquels des personnes rusées espéraient détruire le plan initial.

Le génie ne remplace pas les bonnes manières.

Il y a des génies nés avec une telle élévation de caractère et une telle supériorité d'esprit qu'ils ont un ascendant naturel sur tous ceux qu'ils rencontrent. Mais un négociateur de cette espèce doit se garder bien de se fier trop à son propre jugement pour exprimer la supériorité qu'il a sur les autres hommes, car cela pourrait lui valoir une réputation d'arrogance et de dureté ; et c'est précisément à cause de son élévation au-dessus du niveau de l'humanité commune que les événements peuvent lui échapper et qu'il peut être dupe de sa propre confiance en lui. Il doit parfois consentir à rencontrer des hommes plus petits sur leur propre terrain.

Valeur de la bonne foi.

Le bon négociateur ne fondera d'ailleurs jamais le succès de sa mission sur des promesses qu'il ne peut tenir ou sur de la mauvaise foi. C'est une erreur capitale, largement répandue, qu'un négociateur habile doive maîtriser l'art de la tromperie. La tromperie, en effet, n'est qu'une mesure de la petitesse d'esprit de celui qui l'emploie, et montre simplement que son intelligence est trop maigrement équipée pour lui permettre d'arriver à ses fins par des méthodes justes et raisonnables. Sans doute l'art du mensonge a-t-il été pratiqué avec succès en diplomatie ; mais contrairement à cette honnêteté qui, ici comme ailleurs, est la meilleure politique, un mensonge laisse toujours derrière lui une goutte de poison, et même le succès diplomatique le plus éclatant obtenu par la malhonnêteté repose sur des bases incertaines, car il éveille chez le vaincu un sentiment d'aggravation. , un désir de vengeance et une haine qui doit toujours être une menace pour son ennemi. Même si la tromperie n'était pas aussi méprisable qu'elle l'est pour tout homme sensé, le négociateur gardera peut-être à l'esprit qu'il sera engagé toute sa vie dans les affaires de la diplomatie, et qu'il est donc dans son intérêt de se forger une réputation de clairvoyance. et une utilisation équitable afin que les hommes sachent qu'ils peuvent compter sur lui ; car une négociation menée à bien par l'honnêteté et la haute intelligence d'un diplomate lui donnera un grand avantage dans les autres entreprises qu'il entreprendra à l'avenir. Dans tous les pays où il ira , il sera reçu avec estime et plaisir, et les hommes diront de lui et de son maître que leur cause est trop bonne pour être servie par de mauvais moyens. Car si le négociateur est obligé d'observer fidèlement toutes les promesses qu'il a faites, on verra immédiatement qu'il faut compter sur lui-même et sur le prince qu'il sert.

Les périls de la tromperie.

C'est là sûrement une vérité bien connue et un devoir si indispensable qu'il paraît superflu de le recommander. En même temps, beaucoup de négociateurs ont été tellement corrompus par les usages contraires qu'ils ont oublié les usages de la vérité, sur quoi je ne ferai qu'une observation, c'est que le prince ou le ministre qui a été trompé par son propre négociateur a probablement commencé par enseigner à ce négociateur la leçon de la tromperie ; ou bien, s'il ne l'a pas fait, il souffre parce qu'il a choisi un mauvais serviteur. Il ne suffit pas de choisir un homme intelligent et bien instruit pour s'acquitter de hautes fonctions politiques. L'agent dans de telles affaires doit être un homme intègre et aimant la vérité, sinon on ne peut avoir aucune confiance en lui. Il est vrai que cette probité ne se trouve pas souvent jointe à cette capacité d'ouverture d'esprit si nécessaire à un diplomate, ni toujours chez un homme bien doté de toutes les connaissances nécessaires que nous avons déjà décrites comme l'équipement d'un homme politique. un bon négociateur. On me rappelle qu'un prince est souvent obligé d'utiliser divers instruments pour parvenir à ses fins, et qu'il y a eu des hommes de peu de vertu qui se sont montrés de grands négociateurs et entre les mains desquels les hautes affaires de l'État ont prospéré, et que des hommes de ces types, retenus sans scrupules, ont plus souvent réussi dans des négociations délicates que les hommes justes qui n'ont employé que des moyens honnêtes.

Monsieur de Faber réprimande le cardinal Mazarin.

Mais remarquons que le prince qui confie ses négociations à ce type de diplomate ne peut compter sur leurs bons services qu'aussi longtemps qu'il est lui-même prospère. Dans les moments difficiles, ou dans les moments où la disgrâce semble s'être abattue sur lui, ces maîtres-coquins seront les premiers à le trahir et à se mettre au service des forts. Nous trouvons donc ici la recommandation finale de la nécessité d'employer des hommes honnêtes. Je me souviens de la belle réponse de M. de Faber, qui était maréchal de France, au cardinal Mazarin, lorsque ce grand ministre voulut amener dans son parti un homme de substance, qui sera anonyme. Il confia cette tâche délicate à M. de Faber, le chargeant de faire de grandes promesses qu'il avouait ne pas être en mesure de tenir. M. de Faber refusa la commission en ces termes : « Monseigneur, vous trouverez beaucoup d'hommes prêts à porter de faux messages ; mais vous avez besoin d'honnêtes hommes pour dire la vérité. Je vous prie de me retenir pour ce dernier service.

Les foies lâches font de mauvais négociateurs.

Enfin, il est extrêmement dangereux de confier une négociation importante à un homme à la vie irrégulière et dont les habitudes domestiques et personnelles sont désordonnées. Comment peut-on attendre d'un tel homme un plus grand degré d'ordre et de décence dans les affaires publiques que celui qu'il montre dans ses propres affaires privées, qui devraient en effet être la mesure constante de sa capacité. S'il aime trop les tables de jeu, le verre à vin et les divertissements frivoles, on ne lui confiera pas l'accomplissement d'un devoir diplomatique élevé, car il sera si peu fiable qu'aux moments où il cherche la satisfaction de ses désirs dérégulés il sera prêt à vendre les plus hauts secrets de son maître.

La tête froide.

Un homme naturellement violent et facilement emporté est mal fait pour conduire des négociations ; il lui est presque impossible d'être maître de lui-même dans ces moments critiques et ces occasions imprévues où la maîtrise de son caractère est importante, en particulier dans les moments aigus de controverses diplomatiques où une parole colérique peut empoisonner l'esprit de ceux avec qui les négociations sont en cours. en cours. Il est difficile aussi à un homme facilement irrité de rester maître de son propre secret ; car, lorsque sa colère s'excite, il laisse échapper des paroles dont un auditeur adroit devinera facilement l'essence de sa pensée, et conduira ainsi à la ruine de ses plans.

Avant son élévation au cardinalat, le cardinal Mazarin fut envoyé en mission importante auprès du duc de Feria, gouverneur de Milan. Il fut chargé de découvrir les véritables sentiments du duc sur un certain sujet, et il eut la ruse d'attiser la colère du duc et de découvrir ainsi ce qu'il n'aurait jamais su si le duc lui-même avait gardé une sage emprise sur ses sentiments. Le cardinal s'était en effet rendu maître absolu de tous les effets extérieurs que produit habituellement la passion, à tel point que ni dans ses paroles, ni par le moindre changement dans sa physionomie, on ne pouvait découvrir sa véritable pensée ; et cette qualité qu'il possédait à un si haut degré contribua largement à faire de lui l'un des plus grands négociateurs de son temps.

Un homme maître de lui-même et agissant toujours avec *sang-froid* a un grand avantage sur celui qui est d'une nature vive et facilement enflammée. On peut dire en effet qu'ils ne combattent pas à armes égales ; car pour réussir dans ce genre de travail, il faut plutôt écouter que parler ; et le caractère flegmatique, la retenue, une discrétion sans faille et une patience qu'aucune épreuve ne peut briser, voilà les serviteurs du succès. En effet, la dernière de ces qualités, la patience, est un des avantages que la nation espagnole a sur la nôtre ; car nous sommes naturellement vifs, et à peine nous sommes-nous lancés dans une affaire, que nous désirons la fin pour en entreprendre une autre, trahissant ainsi une inquiétude qui cherche continuellement de nouveaux buts. Alors qu'on a remarqué qu'un diplomate espagnol n'agit jamais avec précipitation, qu'il ne pense jamais à mettre un terme à une négociation simplement par *ennui* , mais à la terminer avec avantage et à profiter de toutes les conjonctures favorables qui se présentent, parmi lesquelles notre l'impatience est son avantage. L'Italie a également produit un grand nombre d'excellents négociateurs qui ont beaucoup contribué au haut prestige et au pouvoir temporel de la Cour de Rome, même au point où nous le voyons aujourd'hui. Et nous avons nous-mêmes sur les autres nations du Nord, dans l'art de négocier, la même supériorité que les Espagnols et les Italiens ont sur nous, d'où il semblerait que le degré d'intelligence varie en Europe avec le degré de chaleur de ses différents climats. Or, de tout cela il résulte qu'un homme qui est par nature étrange, inconstant et gouverné par ses propres humeurs et passions, ne doit pas entrer dans la profession de diplomate, mais doit aller à la guerre. Car, comme la guerre détruit un grand nombre de ceux qui s'y livrent, elle n'est pas si délicate dans le choix de ses sujets ; elle ressemble à ces bons estomacs qui peuvent digérer et assimiler avec une égale facilité toute sorte de nourriture qu'on leur donne, non pas vraiment parce qu'il ne faut pas avoir de hautes et excellentes qualités pour pouvoir devenir un bon général, mais parce qu'il y a tant de degrés de qualités. capacité dans l'armée que celui qui n'a pas assez d'intelligence pour arriver au plus haut reste à mi-chemin et peut devenir un bon subalterne ou autre officier dont le service est utile dans sa propre sphère. Mais il n'en est pas de même du négociateur : s'il n'est pas adapté à sa fonction , il ruinera souvent tout ce qui lui est confié et entachera la réputation de son maître d'un préjudice irréparable.

Adaptabilité.

Non seulement le négociateur doit être libre des humeurs capricieuses et des fantasmes, mais il doit savoir comment supporter volontiers les imbéciles, comment s'adapter aux humeurs changeantes des autres. Il doit en effet être comme le Protée de la fable, toujours prêt à prendre une figure et une posture différentes selon les occasions et les besoins. Qu'il soit gai et agréable avec les jeunes princes encore en pleine jouissance des plaisirs quotidiens ; qu'il soit sage et plein de conseils avec ceux des années plus sérieuses, et qu'en toute chose toute son attention et ses soins, tout son zèle et même ses jouissances et ses divertissements tendent vers un seul but, qui est de mener au succès le grand affaires dont il a la charge. Ainsi il ne suffira pas toujours qu'il exécute la lettre exacte de son instruction ; son zèle et son intelligence doivent combiner la façon dont il peut profiter de toutes les conjonctures favorisées qui se présentent, et même être capables de créer des moments favorables par lesquels l'avantage de son prince peut être servi. Il y a même des occasions pressantes et importantes où il est obligé de prendre une décision sur place, d'entreprendre certaines *démarches* sans attendre les ordres de son maître qui n'ont pu arriver à temps. Mais alors il faut qu'il ait assez de pénétration pour prévoir tous les résultats de sa propre action, et il serait bon aussi s'il avait acquis d'avance de son propre prince ce degré de confiance qui se fonde communément sur une capacité avérée de bons services. Il peut ainsi s'assurer, dans les moments de décision soudaine, qu'il conserve la confiance de son prince et que ses succès passés plaideront en faveur de ses actions présentes. En l'absence de telles conditions , il serait en effet un négociateur audacieux qui contracterait des engagements au nom de son maître sans ordre exprès de sa part. Mais dans une occasion pressante, il peut faire en sorte qu'une affaire soit finalement conclue à l'avantage de son prince, ou du moins il peut empêcher que l'affaire en question ne tourne à son désavantage jusqu'à ce qu'il ait reçu des ordres de sa part.

Richesse, naissance et reproduction.

Il est bon qu'avec toutes ces qualités un négociateur, et surtout celui qui porte le titre d'ambassadeur, soit riche pour pouvoir entretenir les dépenses nécessaires de sa charge ; mais un prince sage ne tombera pas dans le défaut commun à beaucoup de princes, à savoir celui de considérer la richesse comme la qualité première et la plus nécessaire chez un ambassadeur. En effet, il servira beaucoup mieux ses propres intérêts en choisissant un négociateur habile et de fortune médiocre plutôt qu'un homme doté de toutes les richesses des Indes mais possédant une petite intelligence, car il est évident que l'homme riche peut ne pas connaître le véritable usage des richesses. tandis que l'homme capable saura assurément employer sa propre capacité. Et le prince doit encore se rappeler qu'il est en son pouvoir de doter l'homme capable de tous les moyens nécessaires, mais qu'il n'est pas en son pouvoir de doter d'intelligence celui qui ne la possède pas.

Il est également souhaitable qu'un ambassadeur soit un homme de naissance et d'éducation, surtout s'il est employé dans l'une des principales cours d'Europe, et ce n'est en aucun cas un facteur négligeable qu'il ait une noble présence et un beau visage. , qui sont sans doute parmi les moyens qui plaisent facilement à l'humanité. Une personne méchante, comme le disait le général Philopoemen , recevra beaucoup d'insultes et souffrira beaucoup d'ennuis, comme l'homme qui a été obligé de couper du bois et de puiser de l'eau parce qu'il ressemblait à un esclave. Il existe bien sûr des missions envoyées dans des occasions spéciales où rien n'est nécessaire si ce n'est un grand nom et le prestige d'une haute naissance - comme, par exemple, lors des cérémonies d'un mariage ou d'un baptême, ou pour offrir de bons vœux à l'occasion de l'avènement d'un fils. un souverain au trône ; mais lorsque la négociation porte sur des affaires importantes, elle doit être confiée à un homme et non à une image criarde, à moins que cette image ne soit une marionnette entre les mains de quelque collègue rusé qui, tout en possédant tout le secret de la négociation et en gardant entre ses mains les fils de ses dessins, laisse l'apparence publique réelle au gentleman ignorant mais de haute naissance dont le seul souci est d'entretenir une belle table et un magnifique équipage.

Les connaissances nécessaires à un négociateur.

Un homme né pour la diplomatie et se sentant appelé à la pratique de la négociation doit commencer ses études par un examen attentif de la position des divers États européens, des principaux intérêts qui régissent leur action, qui les séparent les uns des autres, des diverses formes de négociation. du gouvernement qui prévaut dans différentes parties, et du caractère des princes, soldats et ministres qui occupent des positions d'autorité. Pour maîtriser le détail de ces connaissances, il faut qu'il comprenne la puissance matérielle, les revenus et la domination entière de chaque prince ou de chaque république. Il doit comprendre les limites de la souveraineté territoriale ; il doit s'informer de la manière dont le gouvernement a été initialement constitué ; des réclamations que chaque souverain fait sur des parties qu'il ne possède pas ; car ces ambitions sont la matière même de la négociation dans les occasions où une tournure favorable des événements fait espérer au souverain ambitieux qu'un désir longtemps caressé pourra se réaliser ; et, enfin, le négociateur doit être capable de faire une distinction claire entre les droits et revendications qui sont fondés sur une obligation conventionnelle et ceux qui reposent uniquement sur la force pure. Pour son instruction, il doit lire avec le soin le plus attentif tous les traités publics, tant généraux que particuliers, qui ont été conclus entre les princes et les États de l'Europe et de nos jours ; il doit considérer les traités conclus entre la France et la maison d'Autriche comme ceux qui offrent la forme et le modèle principal pour la conduite de toutes les affaires publiques de la chrétienté, en raison du réseau de liaisons avec d'autres souverains qui entoure ces deux grandes puissances. Et puisque leurs disputes prenaient leur origine dans les relations et traités existant entre le roi Louis XI. et Charles, dernier duc de Bourgogne, dont descend la maison d'Autriche, il est vital que le négociateur de notre temps connaisse bien tous les traités conclus à cette époque et depuis ; mais surtout tous ceux qui ont été conclus entre les principales puissances de l'Europe depuis le traité de Westphalie jusqu'à nos jours.

L'Europe est sa province.

Qu'il étudie également avec compréhension et ouverture d'esprit l'histoire moderne de l'Europe. Qu'il lise les mémoires des grands hommes, les instructions et les dépêches de tous nos plus habiles négociateurs, aussi bien celles qui sont imprimées dans les livres publics que celles qui sont conservées en manuscrits dans notre Bureau des Archives publiques, car ces documents traitent de grandes affaires, et leur lecture transmettra non seulement des faits importants pour la construction de l'histoire, mais aussi une idée de la véritable atmosphère de négociation, et aidera ainsi à former l'esprit de celui qui les lit et lui donnera quelques indices pour le guider. en des occasions similaires sur sa propre carrière. Une des lectures les plus profitables que je connaisse à cet effet est la dépêche du cardinal d'Ossat , dont j'ose dire, pour un homme entrant en négociation, ce qu'Horace disait aux poètes de son temps sur les œuvres de Homère : Qu'il les ait entre ses mains nuit et jour s'il désire la perfection dans son propre art. D'une manière simple et modeste, les dépêches de ce cardinal révèlent la force et l'adresse qui furent son grand mérite, et qui, malgré l'antiquité de son style, font encore un vif plaisir à ceux qui ont le goût des bonnes écrits diplomatiques. On peut ainsi voir comment par sa seule capacité, sans l'aide d'une noble naissance, d'un titre ou d'un autre caractère que celui d'agent de sa reine, Louise de

Vaudemont , veuve du roi Henri III. , il put peu à peu mener la haute entreprise de réconciliation du roi Henri le Grand avec le Saint-Siège après l'échec des ambassadeurs les plus célèbres de l'époque ; avec quelle dextérité il échappa à tous les pièges que lui tendait la cour romaine, et à tous les pièges que la maison d'Autriche, alors au faîte de sa puissance, ourdit pour sa perte. Le lecteur s'émerveillera, en tournant chaque page, comme rien n'échappe à son regard pénétrant. Il retrouvera jusqu'aux moindres mouvements du pape Clément VIII. et son neveu le Cardinal a enregistré avec soin. Il verra combien Monseigneur d'Ossat profitait de tout, combien il était ferme comme un roc quand la nécessité l'exigeait, souple comme un saule dans un autre moment, et comment il possédait l'art suprême de se faire offrir par chacun ce qu'il lui demandait. était son principal dessein de sécuriser.

L'étude des dépêches célèbres .

Puis encore dans le recueil des dépêches manuscrites concernant les négociations de Münster, ainsi que dans les mémoires du cardinal Mazarin, on peut lire les instructions au plénipotentiaire français, qui sont en effet des chefs-d'œuvre du genre, car le cardinal y examine les intérêts de chaque puissance européenne. Il suggère des ouvertures et des expédients pour régler leurs différends avec une capacité et une clarté de vue tout à fait surprenantes, et cela dans une langue qui n'était pas la sienne. Ses dépêches sur la Paix des Pyrénées, par lesquelles il communiqua au roi les résultats de ses conférences avec Don Louis Dharo , premier ministre d'Espagne, ont aussi une beauté qui leur est propre. On y reconnaît aussi la supériorité de son génie et le facile ascendant qu'il avait pris sur l'esprit du ministre espagnol avec lequel il avait affaire. Il existe également d'autres expéditions manuscrites qui méritent d'être reconnues. On les retrouve en grand nombre à la Bibliothèque royale et dans d'autres fonds de livres, comme par exemple ceux de De Noailles, évêque d'Acs, et de Montluc, évêque de Valence, dans lesquels on peut aussi lire le récit authentique . de deux hommes nobles et capables. Nous avons aussi les lettres du président Jeannin, homme d'un grand bon sens et d'un jugement solide, qui a largement contribué à la consolidation de la jeune République des Provinces-Unies par la trêve de douze ans qu'il a préparée et par les sages conseils qu'il a donné touchant toutes les questions de gouvernement dans cette république. La lecture de lettres comme les siennes est bien conçue pour former le jugement de celui qui consentira à les lire avec un soin intelligent.

Liaisons dynastiques.

Pour comprendre l'intérêt principal des princes européens, le négociateur doit ajouter à la connaissance que nous venons de décrire celle des généalogies dynastiques, afin de connaître tous les liens et alliances, par mariage et autrement, entre les différents princes, car ces liaisons se révèlent souvent être les principales causes de conflits et même de guerres. Il doit également connaître les lois et coutumes établies des différents pays, notamment dans toutes les matières relatives à la succession au trône et les usages dominants de la cour. L'étude de la forme de gouvernement existant dans chaque pays est très nécessaire au diplomate, et il ne doit pas attendre son arrivée dans un pays étranger pour étudier ces questions ; il doit se préparer à l'avance, car s'il n'est pas doté d'une certaine mesure de cette connaissance, il sera comme un homme en mer sans boussole. Nos propres négociateurs, qui n'ont jamais voyagé avant d'accepter un poste à l'étranger et qui, par conséquent, ne connaissent rien de ces questions, sont généralement si saturés de nos propres coutumes et habitudes nationales qu'ils pensent que celles de toutes les autres nations doivent leur ressembler ; la vérité étant que l'autorité qu'un roi a dans son royaume ne ressemble en rien à celle du monarque voisin , bien que la ressemblance superficielle entre les royautés de chaque pays soit évidente à tous les yeux.

Angleterre et Pologne.

Il y a, par exemple, des pays où il ne suffit pas d'être d'accord avec le prince et ses ministres, car il y a d'autres partis qui partagent avec lui la souveraineté nationale et qui ont le pouvoir de résister à ses décisions ou de les faire changer. . Nous avons un excellent exemple de cet état de choses en Angleterre, où l'autorité du Parlement oblige fréquemment le roi à faire la paix ou la guerre contre son propre gré ; ou encore en Pologne, où les Diètes générales ont un pouvoir encore plus étendu, dans lequel un seul vote à la Diète peut faire échouer la résolution presque unanime de l'assemblée elle-même, et ainsi non seulement faire échouer les délibérations de cette assemblée, mais amener à néant la politique du roi et du Sénat. Le bon négociateur d'un tel pays saura donc où trouver l'équilibre du pouvoir intérieur pour en profiter lorsque l'occasion s'en présentera.

Outre les intérêts publics généraux de l'État, il existe des intérêts privés et personnels et des passions dominantes chez les princes et chez leurs ministres ou favoris , qui jouent souvent un rôle déterminant dans l'orientation de la politique publique. Il est donc nécessaire que le négociateur s'informe de la nature de ces intérêts et passions privés qui influencent l'esprit de ceux avec lesquels il a à négocier, afin de pouvoir guider son action par cette connaissance soit en flattant leurs passions, ce qui est le moyen le plus simple, ou en trouvant d'une manière ou d'une autre le moyen de détourner ces personnages de leurs intentions et engagements initiaux et de les amener à adopter une nouvelle ligne politique. Une telle entreprise menée à bien serait en effet un chef-d'œuvre de négociation.

Témoignage du Duc de Rohan.

Ce grand homme, le duc de Rohan, nous dit dans le traité qu'il a écrit sur les intérêts des souverains européens, que les souverains gouvernent le peuple et que l'intérêt gouverne le souverain ; mais on peut ajouter que les passions des princes et de leurs ministres l'emportent souvent sur leurs intérêts. Nous avons vu de nombreux cas dans lesquels des monarques ont pris, sous l'influence de la passion, des engagements très préjudiciables à eux-mêmes et à leur État. Il n'y a pas lieu de s'en étonner, car les nations elles-mêmes ne sont pas exemptes de cette erreur et sont prêtes à se ruiner pour satisfaire la haine, la vengeance et la jalousie, dont la satisfaction est souvent contraire à leurs véritables intérêts. Sans recourir à l'histoire ancienne , il serait facile de prouver par des exemples modernes que les hommes n'agissent pas selon des maximes de conduite fermes et stables ; qu'en général ils sont gouvernés par la passion et le tempérament plus que par la raison. L'influence de cette connaissance sur la diplomatie est que, puisque la passion et le caprice des hommes en autorité influencent si largement le destin de leurs sujets, il est du devoir du négociateur compétent de s'informer aussi précisément que possible sur l'inclination, l'état d'esprit, et les projets des hommes en autorité pour que cette information soit mise au service des intérêts de son maître. Et nous pouvons être sûrs qu'un négociateur qui n'a pas travaillé à acquérir un fonds de ces informations générales et particulières raisonnera faussement sur les événements, les affaires de l'État et des hommes, et sera susceptible de faire de fausses estimations et de donner des conseils dangereux au prince qui l'a fait. l'emploie. Une telle connaissance ne se trouve pas uniquement dans les livres ; il est plus facile de le recueillir par des communications personnelles avec ceux qui sont engagés dans le service public et par des voyages à l'étranger, car, si profondément qu'on ait étudié les coutumes, la politique ou les passions de ceux qui gouvernent dans les États étrangers, tout apparaîtra différemment. lorsqu'on les examine de près, il est impossible de se faire une idée juste du véritable caractère des choses, sauf par une connaissance directe.

Importance des voyages à l'étranger.

Il est donc désirable qu'avant d'entrer dans la profession diplomatique, le jeune homme ait voyagé dans les principales cours de l'Europe, non seulement comme ces jeunes gens qui, à la sortie de l'académie ou du collège, vont à Rome pour voir les beaux palais et les ruines antiques, ou à Venise pour profiter de l'opéra et des courtisanes ; il devrait en effet entreprendre ses voyages à un âge un peu plus mûr, lorsqu'il sera plus capable de réfléchir et d'apprécier la forme et l'esprit du gouvernement de chaque pays, et d'étudier les mérites et les défauts des princes et des ministres, en faisant tout cela avec l'intention délibérée. dessein de retourner dans ces pays un jour ultérieur avec profit pour lui-même et pour son maître. Les voyages effectués sur ces lignes obligent le voyageur à garder un œil vigilant sur tout ce qui lui tombe sous la main. Il conviendrait que, dans certains cas, ils accompagnent les ambassadeurs ou les envoyés du roi comme compagnons de voyage, à la manière des Espagnols et des Italiens, qui considèrent comme un honneur d'accompagner les ministres de la couronne dans leurs voyages diplomatiques. Il n'y a rien de mieux propre à instruire la manière dont se déroulent les événements dans les pays étrangers ou à préparer un jeune homme à représenter son propre pays à l'étranger.

Langues étrangères indispensables.

Il est hautement désirable que ces novices en diplomatie apprennent les langues étrangères, car ils seront ainsi protégés de la mauvaise foi ou de l'ignorance des interprètes, et du grave embarras d'avoir à les utiliser pour les audiences du souverain. Il est également évident qu'un interprète peut trahir des secrets. *Quiconque* entre dans la profession diplomatique doit connaître les langues allemande, italienne et espagnole ainsi que le latin, dont l'ignorance serait une honte et une honte pour tout homme public, car c'est la langue commune de toutes les nations chrétiennes. Il est également très utile et approprié pour le diplomate, sur lequel repose une grave responsabilité nationale, d'avoir une connaissance scientifique générale susceptible de contribuer au développement de sa compréhension, mais il doit être maître de sa connaissance scientifique et ne doit pas se laisser consommer. par cela. Il doit donner à la science la place qu'elle mérite, et ne doit pas simplement la considérer comme un motif d'orgueil ou de mépris pour ceux qui ne la possèdent pas. Tout en se consacrant à cette étude avec soin et attention, il ne doit pas s'y absorber, car celui qui entre dans le service public de son Roi doit considérer qu'il est destiné à l'action et non à des études académiques dans son cabinet ; et son principal souci doit être de s'instruire sur tout ce qui peut affecter la vie des hommes vivants plutôt que sur l'étude des morts. Son objectif professionnel est de pénétrer les secrets et le cœur des hommes ; apprendre l'art de les manier de manière à les faire servir aux grands desseins de son royal maître.

Une règle pour le service diplomatique.

Si l'on pouvait établir en France une règle selon laquelle nul ne devrait être employé à la négociation avant d'avoir suivi un tel apprentissage et d'avoir montré sa capacité à profiter des études et des voyages pour rendre un bon compte rendu des pays qu'il a vus ; et, en outre, si l'on pouvait aussi établir la règle de la même manière qu'aucun haut commandement dans l'armée ne peut être confié à un officier qui n'a pas fait beaucoup de campagnes, on serait plus sûr que le roi serait bien servi dans ses négociations. , et que par ces moyens il pourrait susciter autour de lui un grand nombre de négociateurs fiables. C'est un but des plus désirables, car, comme nous l'avons vu, il y a beaucoup d'actions dans lesquelles la parfaite pratique de l'art de la négociation n'est pas moins utile que celle de la guerre, et qu'en France, à l'heure actuelle, l'art de la guerre est bien au-dessus. celui de la diplomatie dans l'estime du public.

Récompenses pour le service.

Mais comme les hommes ne sont pas encore assez parfaits pour servir sans espoir de récompense, il est désirable qu'il y ait en France un plus haut degré d' honneur et de fortune pour ceux qui ont bien mérité de leur pays dans la diplomatie, comme il y en a d'ailleurs dans beaucoup d'autres. tribunaux en Europe où les sujets du roi ont acquis une haute distinction dans cette branche de la fonction publique. Il y a en effet des pays dans lesquels le diplomate distingué peut espérer atteindre la plus haute place et les plus hautes dignités du royaume, par lesquels nous, en France, pouvons apprendre à élever la profession de diplomate au degré de reconnaissance publique qu'elle mérite, et de dont le service du roi et la grandeur du royaume doivent certainement profiter.

Sur le choix des diplomates.

Le bon choix des négociateurs dépend de leur qualité personnelle, de leur formation et, dans une certaine mesure, de leur fortune, et comme les dotations de l'humanité varient dans une large mesure, on constate qu'un type conviendra mieux à la fonction diplomatique qu'un autre. . En même temps, il existe des hommes aux capacités si vastes qu'ils peuvent être employés en toute sécurité dans des entreprises très différentes et même dans des pays très différents. De tels hommes, par leur adaptabilité, par la réceptivité de leur nature et la souplesse de leur caractère, sont bien adaptés au domaine de la diplomatie et s'adaptent rapidement à un nouvel environnement. L'objectif de tous les gouvernements devrait être de développer toute une race d'hommes de ce genre dans les rangs desquels ils pourraient puiser leurs agents diplomatiques. Il est vrai que dans chaque génération, il n'y aura que quelques génies de premier ordre et que la base du service diplomatique sera composée de personnes d'un type plus limité, auquel cas il lui incombera d'autant plus au ministre des Affaires étrangères d'apporter le plus grand soin à l'affectation des ambassadeurs aux postes à l'étranger. Il doit donc bien connaître l'ensemble du service pour savoir où mettre la main sur la personne appropriée pour une entreprise donnée.

Les trois métiers.

Il existe, d'une manière générale, trois principales professions humaines. Le premier est ecclésiastique ; la seconde est celle des Gentilshommes de l'Épée, qui, outre ceux qui servent effectivement dans l'armée, comprennent les courtisans, les écuyers et autres grades de gentilshommes au service de Sa

Majesté ; et le troisième est la profession de la Loi, dont les fidèles sont appelés en France « Messieurs du Drap ». Il n'y a pas beaucoup de pays où les ecclésiastiques peuvent être employés dans la diplomatie, car on ne peut pas correctement les envoyer dans des pays hérétiques ou infidèles. A Rome, qui semble être leur résidence, leur attachement au Pape et leur désir de recevoir de lui les honneurs ainsi que d'autres avantages qui dépendent du service à sa Cour, les place sans doute sous le soupçon de suivre de trop près les maximes jésuites. qui régissent la politique papale et opèrent souvent au préjudice du pouvoir temporel des autres rois.

L'exemple de Venise.

La République de Venise a fait preuve d'une grande sagesse en cette matière, car elle est si convaincue de la partialité des prélats vénitiens envers le Saint-Siège que non seulement elle les exclut de toutes les fonctions diplomatiques en relation avec la Cour de Rome, mais elle exclut même les écarte de toute discussion sur les relations politiques entre Venise et Rome. Il est en effet évident pour tous qu'un dignitaire de l'Église doit une allégeance partagée, et il semble probable que lorsque sa loyauté envers l'Église entre en conflit avec sa loyauté envers son souverain, la première prévaudra probablement. En effet, plus on examine de près les devoirs propres d'un évêque, par exemple, plus on devient fermement convaincu que ces devoirs ne sont pas compatibles avec ceux d'un ambassadeur ; car d'un côté il n'est pas convenable qu'un ministre du culte parcoure le monde et néglige ainsi les devoirs qui devraient en premier lieu lui incomber, et de l'autre, comme nous l'avons vu, l'allégeance politique et ecclésiastique peut entrer en collision. avec des résultats désastreux. Et il est certain qu'un État doit être mal doté en hommes s'il ne peut trouver nulle part ailleurs que dans l'Église une quantité suffisante de diplomates habiles. Je suis le dernier à contester les grands services que certains prélats ont rendus dans le passé à l'État français, mais je crois utile de se guider en règle générale par les considérations qui précèdent.

L'Ambassadeur, un homme de paix.

Le meilleur diplomate est généralement un homme de bonne naissance, parfois un chevalier formé au métier des armes, et on a parfois constaté qu'un bon officier général a servi avec succès comme ambassadeur, surtout à une époque où le les affaires militaires de l'un ou l'autre État étaient des sujets de négociation importants. Mais la diplomatie ne doit pas être considérée comme liée à la guerre, car, même si la guerre découle de la politique, elle ne doit être considérée que comme un moyen pour atteindre une fin en soi. L'ambassadeur doit donc être un homme de paix ; car dans la plupart des cas, et certainement partout où la cour étrangère est encline à la paix, il est préférable d'envoyer un diplomate qui travaille par persuasion et sait gagner les bonnes grâces de son entourage. Dans les deux cas, on observera que l'intérêt public sera mieux servi en nommant un diplomate professionnel qui, par une longue expérience, a acquis une grande aptitude pour les fonctions particulières de la diplomatie. Ni le soldat ni le courtisan ne peuvent espérer s'acquitter avec succès des devoirs de la diplomatie s'ils n'ont pas pris soin de s'instruire dans la politique publique et dans tout ce domaine de connaissances que j'ai déjà décrit comme nécessaire au négociateur.

Avocats Diplomates.

Il est vrai que parfois un juriste diplomate a remporté de grands succès en négociation, surtout dans les pays où la responsabilité finale de la politique publique incombe à des assemblées publiques qui peuvent être émues par un discours adroit, mais en général la formation d'un juriste engendre des habitudes et des dispositions. d'esprit qui ne sont pas favorables à la pratique de la diplomatie. Et s'il est vrai que le succès devant les tribunaux dépend en grande partie de la connaissance de la nature humaine et de la capacité de l'exploiter, deux facteurs qui sont des facteurs diplomatiques, il n'en est pas moins vrai que la profession d'avocat, qui est couper les cheveux en quatre pour rien n'est pas une bonne préparation au traitement des affaires publiques graves dans le domaine de la diplomatie. Si cela est vrai de l'avocat ou du procureur, cela l'est encore plus du magistrat et du juge. L'habitude d'esprit engendrée par la présidence d'un tribunal, dans lequel le juge lui-même est suprême, tend à exclure les facultés de souplesse et d'adaptabilité nécessaires à la diplomatie, et la prise presque ridicule de dignité par un juge apparaîtrait certainement comme une arrogance dans les cercles diplomatiques. Je ne dis pas qu'il n'y a pas eu de grands avocats et de grands juges dotés de hautes qualités diplomatiques, mais encore une fois, je soumets ces considérations à mes lecteurs avec la conviction que plus elles seront observées de près, plus sûrement elles conduiront à l'efficacité dans les affaires politiques. la profession diplomatique.

La diplomatie exige une formation professionnelle.

Permettez-moi de souligner encore ma conviction, qui, hélas, n'est pas encore partagée même par les ministres d'État en France, que la diplomatie est une profession à part entière qui mérite la même préparation et la même assiduité d'attention que les hommes accordent à d'autres professions reconnues . Les qualités d'un diplomate et les connaissances qui lui sont nécessaires ne peuvent en effet toutes s'acquérir. Le génie diplomatique naît, ne se crée pas. Mais de nombreuses qualités peuvent être développées par la pratique, et la plus grande partie des connaissances nécessaires ne peut être acquise que par une application constante au sujet. En ce sens, la diplomatie est certainement une profession elle-même capable d'occuper toute la carrière d'un homme, et ceux qui pensent s'embarquer dans une mission diplomatique comme une agréable diversion de leur tâche commune ne font que préparer une déception pour eux-mêmes et un désastre pour la cause qu'ils servent. Le plus insensé ne confierait pas le commandement d'une armée à un homme dont le seul insigne de mérite était son éloquence réussie devant un tribunal ou sa pratique adroite de l'art de courtisan dans le palais. Tous s'accordent sur le fait que le commandement militaire doit s'acquérir par un long service dans l'armée. De la même manière, il devrait être considéré comme une folie de confier la conduite des négociations à un amateur inexpérimenté, à moins qu'il n'ait montré de manière éclatante dans un autre domaine de la vie les qualités et les connaissances nécessaires à la pratique de la diplomatie.

Fatalité des mauvais rendez-vous.

Il arrive souvent qu'il y ait des hommes dans la vie publique qui ont acquis une réputation sans la mériter. Cela est possible dans le monde politique, qui compte de nombreux adeptes du camp et des parasites de toutes sortes, et il existe toujours un risque qu'un ministre à la recherche d'un ambassadeur pour un poste à l'étranger profite de l'occasion pour payer une ancienne dette à certains. puissante famille patricienne ou à un maître chanteur en coulisses. Ceux qui prennent la responsabilité de nommer aux hautes fonctions diplomatiques des personnes de cette nature sont responsables devant Dieu et devant les hommes de tous les torts qui peuvent en résulter pour l'intérêt public. On ne saurait trop clairement affirmer que si, dans de nombreux cas de difficultés, le négociateur lui-même est à blâmer, la véritable responsabilité incombe au ministre dans son pays, qui non seulement conçoit la politique lui-même, mais choisit les instruments de celle-ci. C'est donc une des plus hautes maximes du bon gouvernement que l'intérêt public doit être suprême, et que par conséquent le prince lui-même et ses ministres doivent s'armer pour résister à la pression des amis et des parents qui cherchent un emploi pour des personnes indignes. En diplomatie, avant tout, puisque la paix, la guerre et le bien-être des nations en dépendent, les meilleurs esprits, les fonctionnaires les plus sagaces et les plus instruits devraient être nommés aux principaux postes étrangers, quelles que soient les affaires personnelles du prince lui-même ou de celles du prince. les attaches partisanes des ambassadeurs choisis.

« Nous avons des imbéciles à Florence, mais nous ne les exportons pas. '

Rien ne devrait s'opposer à la création d'un service diplomatique vigilant, sagace et noble. Les hommes de petit esprit devraient se contenter d'un emploi au pays, où leurs erreurs peuvent être facilement réparées, car les erreurs commises à l'étranger sont trop souvent irréparables. Le défunt duc de Toscane, qui était un prince remarquablement sage et éclairé, se plaignit un jour à l'ambassadeur vénitien, qui passait la nuit avec lui lors de son voyage à Rome, que la République de Venise avait envoyé comme résident à sa cour une personne de aucune valeur, ne possédant ni jugement ni connaissance, ni même aucune qualité personnelle attrayante. «Je ne suis pas surpris», répondit l'ambassadeur; "Nous avons beaucoup d'imbéciles à Venise." Le Grand-Duc rétorqua alors : « Nous avons aussi des imbéciles à Florence, mais nous nous gardons bien de les exporter.

Les remarques du duc montrent combien il est important à tous égards de choisir la bonne personne pour le service diplomatique et, afin de donner au ministre des Affaires étrangères une liberté de choix adéquate, son service diplomatique devrait être composé d'hommes de caractères différents et d'une grande variété de personnalités. réalisations. Ainsi, il ne sera pas obligé d'envoyer un homme inapte simplement parce qu'il était le seul disponible. Dans ce choix, il devra tenir compte avec le plus grand soin du type de gouvernement et de la religion qui prévaut dans le pays étranger en question. Il y avait une plaisanterie courante à Paris sur ce même sujet. Le roi de France avait envoyé un évêque à Constantinople et un hérétique à Rome, et on disait que l'un était allé convertir le Grand Turc et l'autre se faire convertir par le Pape !

La Persona Ingrata.

En dehors de toute considération supérieure, c'est une simple mesure de prudence d'éviter d'envoyer un envoyé qui peut être présumé être une *persona ingrata* auprès du tribunal étranger, car il créera certainement, qu'il le veuille ou non, un préjugé contre son propre pays. et il sera tout à fait incapable de rencontrer sur un pied d'égalité ses concurrents en diplomatie, car il débutera avec le handicap de l'impopularité. Le ministre des Affaires étrangères ne devrait donc pas attendre que les choses tournent mal dans une capitale étrangère, mais devrait être en mesure, lors de chaque nomination, de connaître le caractère du nouvel ambassadeur et ainsi d'opposer son veto à une mauvaise nomination. Malheureusement, ce n'est pas toujours le cas. Je n'ai pas besoin d'entrer dans un examen minutieux des défauts à éviter et des vertus à encourager chez le diplomate complet. J'en ai déjà dit assez pour montrer où se situe mon opinion d'une manière générale. J'ajouterai seulement une ou deux considérations supplémentaires. Je disais il y a quelques instants que la liberté de vivre est un grand handicap en diplomatie ; mais comme il n'y a pas de règle qui n'ait une exception, permettez-moi de souligner qu'un négociateur trop sobre manquera de nombreuses occasions de savoir ce qui se passe. Surtout dans les pays du Nord, le diplomate qui aime le verre se fera rapidement des amis parmi les ministres, même s'il doit boire de manière à ne pas perdre le contrôle de ses propres facultés tout en s'efforçant de relâcher le contrôle de soi des autres ..

La Nation jugée par ses Serviteurs.

En diplomatie, une nation est jugée par ses ministres, et toute sa réputation peut reposer sur la popularité ou l'impopularité d'un ambassadeur. A cet égard, la conduite personnelle de l'ambassadeur et de son personnel est presque aussi importante que la politique dont il est chargé, car le succès de cette politique dépendra dans une large mesure des relations réelles qui existent entre les deux nations. L'ambassadeur est pour ainsi dire l'incarnation même de ces relations, et si un véritable adepte de sa profession sait tirer parti de chaque occasion. Je n'ai pas besoin de répéter mon récit des qualités et des pratiques grâce auxquelles un tel avantage peut être tiré du courant des événements, mais je pourrais peut-être souligner qu'il est évident que les hommes de naissance et de race sont mieux à même de remplir le genre de fonction que j'ai décrite. . Leur rang imposera un certain respect, et les qualités habituellement héritées par ceux de bonne naissance devraient leur être très utiles à une cour étrangère. En même temps, ces qualités ne doivent pas être considérées comme autre chose qu'un fondement. Ils ne peuvent pas à eux seuls équiper un diplomate pour son poste. Il faut qu'il acquière par une application assidue les autres qualités nécessaires, car il n'y a pas d'homme plus suspect que celui qui se vante d'une expérience qu'il ne possède pas. En outre, il n'est généralement pas judicieux de confier des négociations importantes à des jeunes hommes, qui sont généralement présomptueux, vaniteux et indiscrets. La vieillesse est également inappropriée. Le meilleur moment de la vie est son apogée, dans lequel vous trouvez l'expérience, la discrétion et la modération, alliées à la vigueur .

Hommes de lettres.

Toutes choses égales par ailleurs, je préfère un homme de lettres à celui qui n'a pas pris l'habitude d'étudier, car ses lectures lui donneront un certain équipement qui autrement lui manquerait. Cela ornera sa conversation et lui fournira le cadre historique nécessaire dans lequel placer ses propres négociations ; tandis qu'un ignorant ne pourra citer que la volonté de son maître, et présentera ainsi son argument sous une forme nue et peu attrayante. Il doit être évident que les connaissances acquises au cours d'une vie de lecture constituent un complément important à la diplomatie et que, par-dessus tout, la lecture de l'histoire doit être préférée, car sans elle, le négociateur sera incapable de comprendre le sens des allusions historiques faites par d'autres diplomates, et risquent ainsi de passer à côté de l'essentiel à un tournant important des négociations. Et comme il ne suffit pas de bien penser, le diplomate doit être capable de traduire ses pensées dans le bon langage, et inversement il doit être capable de percer derrière le langage des autres jusqu'à leurs véritables pensées. Il arrive souvent qu'une allusion historique révèle bien mieux le but de l'esprit d'un ministre que n'importe quel argument direct. C'est là que réside l'importance de la culture dans la diplomatie. Le nom d'orateur a été quelquefois donné aux ambassadeurs parce qu'ils avaient eu, dans certaines époques, l'habitude de délivrer leurs instructions sous la forme d'un discours éloquent ; mais l'éloquence diplomatique est une chose bien différente de celle du Parlement ou du Barreau. Les discours d'un ambassadeur doivent contenir plus de sens que de mots, et il doit soigneusement éviter toute affectation. Son objectif devrait être d'éveiller l'esprit de ses auditeurs par un contact sympathique, après quoi il lui sera facile de transmettre son message d'une manière appropriée. Il faut donc qu'il pense d'abord plutôt à ce qu'ils pensent qu'à exprimer immédiatement ce qu'il a dans la sienne. C'est en cela que consiste la véritable éloquence, et en effet les mots que je viens d'employer sont le début et la fin de toute diplomatie.

Le mode d'adresse approprié.

En général , son discours, qu'il s'adresse au souverain ou à ses ministres, doit être modéré et réservé. Il ne doit pas élever la voix mais garder le ton de conversation ordinaire, à la fois simple et digne, révélant un respect inné tant pour sa haute fonction que pour la personne à qui il s'adresse. Il doit surtout éviter les approches prolixes et pompeuses qui sont naturelles aux princes qui attachent plus d'importance au cérémonial qu'à l'essence des choses. Mais si l'ambassadeur est appelé à délivrer son message à un Sénat ou à un Parlement, il se souviendra que les moyens de gagner les bonnes grâces d'un individu et d'une assemblée ne sont nullement les mêmes. Dans un tel discours public, il peut s'autoriser une certaine liberté de rhétorique, mais même ici, il doit se garder de prolonger son discours au-delà d'une limite tolérable. La réponse des Spartiates aux ambassadeurs de l'île de Samos constitue pour toujours un avertissement contre la prolixité : « Nous avons oublié le début de votre harangue ; nous n'avons prêté aucune attention au milieu, et rien ne nous a fait plaisir que la fin. À Dieu ne plaise qu'un négociateur français reçoive une rebuffade aussi accablante !

L'esprit bien stocké.

Même dans le meilleur des cas, un homme de bon sens ne se fiera pas entièrement à son esprit naturel. Il découvrira que la connaissance des précédents historiques agira souvent comme un levier pour éliminer les obstacles sur son chemin. Une telle connaissance de l'histoire, et en particulier la véritable aptitude à l'appliquer aux événements actuels, ne peut s'acquérir que par une longue expérience. Même dans les cas où le succès a accompagné les efforts d'un diplomate amateur, l'exemple doit être considéré comme une exception, car c'est un lieu commun de l'expérience humaine qu'un travail qualifié nécessite un ouvrier qualifié. Plus les affaires en cours sont importantes, plus il est vital que les ministres d'État s'assurent eux-mêmes des services d'hommes qualifiés. Je sais bien que même les plus grandes cours négligent quelquefois cette précaution vitale, et remplissent leurs ambassades de personnes inconvenantes, principalement parce que le ministre ou le prince n'avait pas assez de force d'esprit pour résister à des appels fondés sur des motifs illégitimes, comme celui de l'influence familiale. On constatera généralement que le véritable expert ne pousse pas ses revendications et que les esprits supérieurs en diplomatie, comme dans d'autres domaines de la vie, ne crient pas leurs marchandises à chaque coin de rue, mais doivent être recherchés avec soin. dans leurs propres placards. Il convient également d'observer qu'autrefois, la profession diplomatique était trop peu appréciée du public pour attirer les services d'hommes de première classe - en partie parce que des émoluments plus élevés devaient être gagnés ailleurs, et en partie à cause de l'absence prolongée du pays. qu'implique le service diplomatique.

La diplomatie, un exil honorable .

Si la diplomatie est un travail en exil, l'État devrait veiller à ce que ce soit au moins un exil honorable . Pour compenser cet inconvénient, le gouvernement national devrait réformer le système diplomatique de manière à ce qu'il puisse attirer les esprits les plus ambitieux comme les plus raffinés. Il n'y a aucune raison pour que , dès le début de leur carrière, non seulement l'honneur , mais une récompense quotidienne adéquate pour ses services ne soient pas offerts aux diplomates. Compte tenu des dépenses qui incombent aux diplomates de tous rangs dans leur service à l'étranger et pour maintenir l' honneur de leur propre profession et de leur pays, le prince sera bien avisé de payer de bons salaires et de marquer par d'autres moyens son estime de la profession diplomatique. C'est ainsi seulement qu'un prince peut rassembler autour de lui une garde du corps diplomatique digne de ce nom. S'il suit ce conseil, son service diplomatique dépassera rapidement tous les autres et une confiance mutuelle plus profonde s'établira entre lui et ses agents diplomatiques, sur laquelle reposera le succès de toutes ses négociations. Aucun diplomate n'est moins enviable que celui qui se trouve devant une cour étrangère sans la confiance des siens.

Valeur d'un service bien équipé.

Or, l'équipement diplomatique de l'État sera incomplet à moins que le service diplomatique ne contienne dans ses rangs un nombre si grand de diplomates exercés et aguerris que le roi puisse en retenir plusieurs à ses côtés comme conseillers spéciaux pour les affaires étrangères. Dans chaque campagne, le véritable commandant se souciera autant de ses réserves que de sa première ligne d'attaque, et de même la position des réservistes dans la diplomatie a une grande importance, car cela signifie non seulement que le ministre des Affaires étrangères aura à son il encouragera un certain nombre de diplomates compétents à l'aider en cas de crise, mais aussi que, lorsque l'une des ambassades à l'étranger deviendra soudainement vacante, le choix de son successeur ne sera pas trop étroitement limité. Il pourra ainsi éviter la pratique fatale, qui a trop prévalu dans l'histoire récente de France, de devoir choisir un ambassadeur au hasard, au dernier moment, parmi les courtisans et les parasites du palais.

La bonne personne au bon endroit.

La nature des affaires à accomplir doit largement déterminer le choix de l'ambassadeur qui est nommé pour les exécuter, et si le service diplomatique est suffisamment nombreux et suffisamment varié, il comprendra certainement dans ses rangs de nombreux personnages différents montrant une grande variété d'aptitudes. . Ainsi, dans toutes ces négociations secrètes qui sont si nécessaires pour préparer le terrain aux traités, on constate souvent que l'ambassadeur lui-même n'est pas la meilleure personne à employer. Il peut être très embarrassant pour lui d'essayer de combiner de telles négociations secrètes avec les devoirs ordinaires de sa charge, et c'est pourquoi un homme intelligent qui n'est pas encore revêtu du prestige d'une haute fonction est un agent plus approprié pour ce genre de trafic secret. Le fait même que la haute position publique d'un ambassadeur soit susceptible de rendre la cour et le grand public familiers avec sa personne et son visage est certainement un inconvénient à son emploi dans des affaires plus secrètes, et bien que cela soit vrai, comme nous l'avons dit. , qu'une partie des affaires d'un ambassadeur est celle d'un espion honorable , il doit se garder de faire de l'espionnage lui-même. La plupart des grands événements de l'histoire diplomatique récente ont été préparés par des ministres envoyés en secret. La paix de Münster, l'une des négociations les plus complexes que j'aie jamais connues, n'a pas vraiment été l'œuvre de ce vaste concours d'ambassadeurs et d'envoyés qui se sont réunis là et ont apposé leurs signatures sur le document. Les clauses essentielles de ce traité furent discutées et rédigées par un agent secret du duc Maximilien de Bavière assis à une table à Paris avec le cardinal Mazarin. De même, la Paix des Pyrénées fut conclue à la suite de négociations secrètes à Lyon entre le cardinal Mazarin et Pimentel, l'envoyé secret du roi d'Espagne ; et enfin la paix de Ryswick, à laquelle j'ai participé pendant toute la négociation, a été conçue par la même diplomatie secrète avant sa ratification publique en Hollande en 1697.

Chaque ambassade est une miniature de l'ensemble du service.

Or la portée de ces considérations sur l' organisation de la diplomatie est assez claire. S'il ne s'agit que d'entretenir de bonnes relations entre un Etat et un autre et de rendre compte plus ou moins juste de tout ce qui se passe devant une cour étrangère, un diplomate accompagné de quelques secrétaires suffira, et en effet en temps ordinaire il est Il vaut sans doute mieux ne pas avoir plus d'un diplomate du même rang dans un tribunal étranger. Mais il est tout aussi évident qu'il y a des occasions où il est du plus grand avantage d'entretenir une mission plus élaborée auprès d'un tribunal étranger, et même d'envoyer deux ou trois diplomates de rang supérieur pour aider à la conduite des négociations et dans les autres domaines. activités de diplomatie. Cela est bien sûr vrai chaque fois qu'une conférence de paix est sur le point de se réunir, car des négociations de ce genre nécessitent une grande préparation préalable, et il serait impossible à un seul diplomate de prendre en charge tout le travail nécessaire dans de telles circonstances ainsi que les multiples tâches de son propre bureau. Dans un certain sens, l'ambassade elle-même devrait être une reproduction en miniature de l'ensemble du service diplomatique.

Variété de talents.

Il y a sans doute place dans toutes les grandes ambassades pour une grande variété de talents, qui trouveront un champ d'action approprié si le chef de mission a la sagesse de donner leur chance aux plus jeunes. Par exemple, il arrive parfois qu'une ambassade découvre qu'elle se trouve dans un pays en proie à une guerre civile, et les meilleures pratiques de l'ambassadeur sont alors mises à rude épreuve. S'il a encouragé ses jeunes à nouer des relations de toutes sortes avec différents partis du pays dans le but d'acquérir des informations, il constatera qu'au moment où éclate même une agitation aussi dérangeante que la guerre civile, il a les moyens, au sein de sa propre ambassade, de rester en contact avec les deux parties en conflit. Naturellement, il lui sera difficile et délicat de ne se mêler à aucun des deux camps ; mais il trouvera certainement tous ses ennuis antérieurs amplement récompensés par la plénitude des informations qu'il reçoit des deux côtés. Il ne doit en aucun cas permettre que des préjugés concernant le rang social ou l'opinion politique fassent obstacle à l'établissement de relations utiles entre les membres de son personnel et les différents partis du pays. Lui-même est exclu d'une telle action, et en effet, s'il était seul avec seulement un ou deux secrétaires pour l'aider, il lui serait tout à fait impossible de savoir ce qui se passe dans l'un ou l'autre camp, et il devrait s'en remettre à des seconds. donner des informations qu'il n'était pas en mesure de vérifier. Son cas serait encore pire si, devenu l'ami personnel du chef d'un des partis, il voyait l'autre parti arriver au pouvoir et le traitait ensuite en ennemi.

Mérite la seule norme.

De telles considérations doivent toujours être gardées à l'esprit par le ministre des Affaires étrangères. Mais il ne devrait surtout pas être influencé par le rang, la condition sociale ou l'opinion politique des hommes dans le choix des attachés et des autres personnes occupant n'importe quel rang dans la diplomatie. Surtout lorsqu'il est sur le point d' envoyer une ambassade dans un État sous gouvernement populaire, il se souviendra que l'ambassadeur aura besoin de nombreux agents pour le maintenir en contact avec toutes les différentes parties. Il faut donc remarquer que les ambassades envoyées dans les États à gouvernement populaire doivent être choisies avec plus de soin et dotées d'un personnel plus varié que celles envoyées dans une cour étrangère où le gouvernement repose entièrement entre les mains du roi.

La hiérarchie diplomatique : les ambassadeurs.

Avant d'examiner en détail les devoirs des négociateurs, je décrirai les différents titres qu'ils reçoivent, ainsi que les fonctions et privilèges attachés à leur charge. Les négociateurs sont de deux sortes : du premier et du deuxième ordre. Ceux du premier ordre sont les ambassadeurs extraordinaires et les ambassadeurs ordinaires. Ceux du second sont Envoyés Extraordinaires et Résidents. Les ambassadeurs extraordinaires reçoivent certains honneurs et distinctions non accordés aux ambassadeurs ordinaires. Les ambassadeurs extraordinaires des têtes couronnées sont hébergés et reçus en France pendant trois jours, par ordre du roi, dans des résidences qui leur sont réservées, tandis que les ambassadeurs ordinaires ne sont pas ainsi reçus par le roi, bien qu'ils jouissent par ailleurs du même honneur et du même honneur . privilèges comme les premiers. Ces privilèges consistent en la jouissance, selon le droit international, de l'immunité et de la sécurité, dans le droit de rester couverts devant le Roi dans les audiences publiques parce qu'ils représentent leurs maîtres, dans le privilège d'être transportés dans le carrosse du Roi et de conduire leurs propres carrosses dans la cour intérieure du Louvre. Ils ont toujours leur propre estrade dans la salle d'audience, tandis que leurs femmes ont un siège près de la reine ; et ils sont autorisés à recouvrir le siège conducteur de leurs autocars d'un tapis de selle spécial. En France, les ambassadeurs des ducs de Savoie jouissaient des mêmes honneurs que ceux des têtes couronnées d'Europe. A l'étranger, les ambassadeurs du Roi jouissent de différents droits cérémoniels selon les coutumes établies dans les différentes cours. L'ambassadeur de France à Rome, par exemple, donne la main aux ambassadeurs de certaines têtes couronnées et de Venise, mais il est certains ambassadeurs d'autres souverains qui ne reçoivent pas cette courtoisie, quoique dans d'autres cours elle leur soit accordée par les Français. ambassadeur. L'ambassadeur de France occupe le premier rang dans toutes les cérémonies à Rome après l'ambassadeur de l' Empereur . Ces deux ambassadeurs reçoivent le même salaire et sont traités par ailleurs sur un pied d'égalité. Il y a plusieurs cours où les ambassadeurs de France donnent la main à certains princes de l'égalité du pays : en Espagne, par exemple, on trouve les Grands ; à Londres, les pairs du royaume ; en Suède et en Pologne, les sénateurs et grands officiers ; mais cette courtoisie n'est pas accordée aux négociateurs ayant rang d'envoyés. Le roi n'envoie pas d'ambassadeur auprès des électorats d'Allemagne, mais il mène ses négociations avec eux simplement par l'intermédiaire d'envoyés.

Envoyés extraordinaires.

Les envoyés extraordinaires sont des ministres publics qui ne possèdent pas le droit de présentation qui s'attache seul au titre d'ambassadeur, mais ils jouissent de la même sécurité et de l'immunité devant le droit des gens. Ils ne font pas d'entrée officielle dans une capitale étrangère à la manière des ambassadeurs, mais sont présentés en audience au roi par l'huissier diplomatique, qui les récupère à leur résidence particulière dans un des carrosses du roi ; ils parlent à Sa Majesté debout et découvert, le Roi lui-même étant assis et couvert. L' Empereur, au contraire, reçoit les envoyés du Roi debout et couverts, et reste dans cet état pendant toute l'audience, l'envoyé seul de tous les présents debout, découvert.... Le titre de plénipotentiaire est parfois aussi donné aux envoyés. quant aux ambassadeurs selon l'occasion. Par exemple, les ministres que le roi maintient à la Diète de Ratisbonne reçoivent le titre de plénipotentiaires, bien qu'ils ne soient pas ambassadeurs. Les résidents sont aussi ministres publics, mais ce titre a été quelque peu dégradé depuis qu'une distinction a été faite tant à la Cour de France qu'à la Cour de l'Empereur entre eux et les envoyés, de sorte que presque tous les négociateurs étrangers en France qui portaient le titre de Les résidents y ont renoncé par ordre de leurs maîtres, et ont assumé celui d'envoyé extraordinaire. Néanmoins, ce titre se retrouve encore à Rome et dans d'autres tribunaux et républiques où les résidents sont traités comme des envoyés.

Envoyés secrets.

Il est certains envoyés secrets qui ne sont reçus qu'en audiences privées, mais jouissent de la même immunité que les envoyés publics, et du moment qu'ils présentent leurs lettres de créance, ils sont reconnus comme ministres publics. Il existe aussi des secrétaires et des agents attachés à la cour pour diverses affaires publiques, mais ils ne sont pas reçus en audience par le roi en France ; ils font toutes leurs affaires avec le secrétaire d'État ou le ministre des Affaires étrangères et, bien qu'ils ne soient pas eux-mêmes enregistrés comme ministres, ils bénéficient également de la protection et de l'immunité en vertu du droit international qui sont accordées aux ambassadeurs étrangers. Aucun sujet du Roi ne peut être reçu comme ministre ou représentant d'un prince étranger, ni diriger ses affaires en France que comme agents du secrétaire d'État, la seule exception étant l'ambassadeur de Malte, qui est habituellement un membre français de l'État. l'Ordre, et à qui le Roi accorde le droit de rester couvert en audience publique en tant que représentant du Grand Maître de l'Ordre, qui est lui-même reconnu comme possédant des droits souverains.

Agents des petits États.

Seuls les princes et les États souverains ont le droit de revêtir leurs messagers du caractère d'ambassadeur, d'envoyé ou de résident. Les agents des petits

États ou des États libres sont appelés députés ; ce ne sont pas des ministres publics, et ils sont soumis à la juridiction du pays comme tout citoyen privé ; ils ne jouissent pas de l'immunité selon le droit des gens, bien que, selon la coutume, les députés des provinces et des villes libres bénéficient en pratique de l'immunité et de la sécurité pendant leur députation , comme preuve de la bonne foi du prince dans la négociation. De la même manière, les citoyens privés munis d'un passeport peuvent voyager sans être inquiétés. Il y a en Italie certains États qui, bien que n'étant ni puissances souveraines ni soumis à un autre souverain, ont conservé le droit d'envoyer des députés avec le titre d'ambassadeur auprès du souverain sous la domination duquel ils vivent. Ce sont les villes de Bologne et de Ferrare, qui envoient ainsi des députations diplomatiques au pape, et la ville de Messine, qui conserva le droit d'envoyer des ambassadeurs auprès du roi d'Espagne avant le dernier soulèvement. De même, plusieurs villes espagnoles ne conservent pas ce droit actuellement. Ces ambassadeurs d'États ou de provinces soumises ressemblent en quelque sorte à ceux que le peuple romain recevait de ses propres provinces libres, des villes et colonies soumises à la domination romaine, à qui on donnait le nom de Legati, nom qui apparaît *encore* dans tous les documents diplomatiques latins. Il est certaines villes libres, comme Hambourg et Lübeck, qui envoient des commissaires à certains princes ; mais en règle générale , ce ne sont que des agents commerciaux occupés à des questions commerciales telles que l'achat et la vente de marchandises et les conditions des lettres d'échange.

Priorité.

Or, quoique la position d'un ambassadeur extraordinaire soit quelque chose de plus honorable que celle d'un ambassadeur ordinaire, ils sont pratiquement traités de même s'il y a égalité entre les princes qu'ils représentent. Le titre d'extraordinaire ne donne d'autre supériorité sur l'ambassadeur ordinaire qu'en pure matière de préséance. Envoyés extraordinaires et résidents sont à peu près dans le même rapport, c'est-à-dire que le résident d'un prince de rang supérieur a préséance sur l'envoyé extraordinaire d'un prince de rang moindre. Il n'en va cependant pas de même entre ambassadeurs et envoyés. L'envoyé d'une tête couronnée doit céder la place d' honneur à l'ambassadeur d'un moindre souverain comme dans l'exemple suivant. Un envoyé de l'Empereur à la cour de France prenait place, il y a quelques années, dans une fête publique, à la place réservée à l'ambassadeur ordinaire du duc de Savoie, et y faisait valoir son droit en invoquant la différence de rang entre leurs maîtres respectifs ; mais le différend fut tranché en faveur de l'ambassadeur comme ayant un rang supérieur, sans égard à la différence de rang de leurs princes respectifs ; et l'envoyé de l'empereur fut obligé de quitter la position qu'il avait prise et de la céder à l'ambassadeur de Savoie.

Le titre d'excellence.

Le titre d'excellence a été donné aux ambassadeurs extraordinaires et ordinaires, mais il n'est accordé aux envoyés que s'ils le revendiquent pour un autre motif, comme, par exemple, s'ils sont ministres d'État ou sénateurs, ou autres hauts officiers d'une institution royale. tribunal. Ce titre d'excellence n'est pas d'usage courant à la cour de France, comme en Espagne, en Italie, en Allemagne et dans les royaumes du Nord, et vous ne trouverez en France que des étrangers s'adressant aux ministres du roi ou à d'autres officiers de la cour. avec ce titre. Mais les négociateurs étrangers de tous bords sont désignés par ce titre comme une marque de courtoisie envers le rang qu'ils occupent.

Légats, nonces et internonces.

La Cour de Rome a trois degrés différents de titres pour marquer le rang de ses ministres dans les cours étrangères. Le premier est celui du *Legato a latere* , le second est celui du Nonce Ordinaire ou Extraordinaire, et le troisième est l'Internonce. Le premier d'entre eux est toujours un cardinal, à qui, en règle générale, le pape donne des pouvoirs très étendus tant pour les affaires de la diplomatie papale que pour l'administration des dispenses et autres privilèges du Saint-Siège. Ils sont reçus dans toutes les cours catholiques avec des honneurs extraordinaires : en France, à leur présentation , ils sont accompagnés par les princes du sang ; ils restent assis et couverts en audience avec le roi, tandis que les ambassadeurs et même les nonces papaux lui parlent debout. Ces légats ont un autre honneur qui n'est accordé ni aux nonces ni aux ambassadeurs en France, à savoir le droit de manger à la table du roi lors du banquet de réception donné par Sa Majesté en leur honneur . La croix est portée devant eux pour marquer leur juridiction ecclésiastique, qui est cependant strictement limitée en France, et est reconnue dans certains cas déterminés pour la vérification des bulles papales au Parlement de Paris, auquel ils doivent les présenter avant de tenter de les mettre en vigueur. Les nonces ordinaires et extraordinaires sont généralement des prélats ayant rang d'archevêque ou d'évêque. Ils sont reçus et présentés par un prince du sang royal lors de leur première et dernière audience avec le Roi, aucune différence n'étant faite entre le nonce extraordinaire et le nonce ordinaire si ce n'est que le premier a préséance sur le second s'il y en a deux présents à l' audience. même Chambre. Néanmoins les prélats de la Cour de Rome préfèrent le titre de nonce ordinaire aux cours de France, d'Espagne et de l' Empereur , parce que c'est un chemin plus court et plus sûr vers le chapeau de cardinal, qui est le but de leurs aspirations. . Quant à leur nomination, lorsque le Pape désire envoyer un nonce ordinaire à la Cour de France, il présente à l'ambassadeur de France à Rome une liste de plusieurs dignitaires de l'Église, de laquelle le Roi peut exclure ceux qui ne lui conviennent pas. Les nonces pontificaux en France donnent la main au secrétaire d'État aux Affaires étrangères, mais pas aux évêques ou archevêques reçus en visite d'honneur. Ils n'ont pas de juridiction ecclésiastique en France au sens où ils la possèdent à Vienne, en Espagne, au Portugal, en Pologne et dans beaucoup d'autres États catholiques, où ils sont reconnus comme juges valables dans diverses causes et ont le pouvoir de juger. dispense au même titre que les archevêques ou l'évêque diocésain. En France, ils n'ont droit qu'à recevoir la confession de foi de ceux que le roi a nommés évêchés et à s'enquérir de leur vie et de leurs habitudes.

Privilèges diplomatiques.

Les ambassadeurs, les envoyés et les résidents possèdent tous le droit d'exercer librement la religion de leur roi et d'admettre à ces ordonnances leurs propres ressortissants vivant dans le pays étranger. En matière de droit, les diplomates de rang ne sont pas soumis à la juridiction des juges du pays étranger où ils résident, et eux et leur maison jouissent de ce qu'on appelle l'extraterritorialité, leur ambassade étant considérée comme la maison du roi. lui-même et comme étant un asile pour ses ressortissants. Mais ce privilège comporte son devoir correspondant. Aucun blâme ne saurait être trop sévère pour les ministres étrangers qui abusent de ce droit d'asile en hébergeant sous leur toit des personnes mal intentionnées, soit celles condamnées à mort pour crime, soit celles qui se livrent à des affaires qui les rendent indignes de la protection du Roi. Le diplomate sagace ne compromettra pas l'autorité de son maître pour une raison aussi odieuse que la tentative de conférer l'immunité à un criminel. Il lui suffit que son propre droit d'asile soit maintenu inviolé, et il ne doit jamais l'employer qu'en des occasions extraordinaires au service de son maître, et jamais même pour son propre profit privé. D'autre part, le roi doit interdire expressément à ses juges, huissiers ou particuliers de violer le droit des gens dans la personne d'un envoyé étranger, toujours reconnu sous la protection du droit international . Et partout où une insulte est faite à un envoyé étranger, le prince lui-même doit la réparer sans faute, de la même manière qu'il s'attendrait à recevoir une réponse pour une insulte similaire à son propre ministre à l'étranger.

Abus d'immunité.

Il arrive parfois que des ministres abusent du droit de libre passage, qu'ils possèdent pour leurs propres provisions et le matériel nécessaire à leur établissement, pour exercer un commerce clandestin dont ils tirent de gros profits en prêtant leur nom à la fraude. Ce genre de profit est tout à fait indigne du ministre public, et fait puer son nom aux narines du roi auquel il est envoyé ainsi qu'à son propre prince. Un ministre sage peut se contenter de jouir des grands privilèges auxquels il a droit dans tout pays étranger sans tenter d'en abuser pour son propre profit privé, ni en tolérant toute fraude commise sous la protection de son nom. Le gouvernement espagnol a été obligé, il y a quelques années, de réglementer sévèrement ces privilèges pour tous les envoyés étrangers résidant à Madrid, et la République de Gênes a dû adopter les mêmes précautions quelque peu humiliantes, pour empêcher les diplomates de se livrer au trafic illicite. Les privilèges conférés par le droit des gens aux envoyés à l'étranger leur permettent une pleine liberté dans leur devoir propre de travailler à découvrir tout ce qui se passe dans la salle du conseil de Sa Majesté et de prendre des mesures pour nouer des relations étroites avec ceux qui sont les plus à même de fournir ces informations. , mais ils ne doivent pas être interprétés comme couvrant toute tentative de conspiration contre la paix publique ; car le même droit international qui couvre la personne d'un diplomate doit aussi être censé couvrir la paix et la sécurité du royaume auprès duquel il est accrédité. C'est pourquoi le diplomate se gardera de toute action qui pourrait sembler prêter l'autorité de son nom ou de sa fonction à des complots révolutionnaires ou à d'autres actes hostiles à la paix du royaume. S'il néglige cette précaution, il risque de se retrouver traité en ennemi.

Henri IV. et le duc de Savoie.

Charles-Emmanuel, premier duc de Savoie, entretenait certaines relations en France avec certains des principaux pairs de la cour d'Henri IV. , et engagé avec eux dans des complots et des cabales. Il se rendit à la cour de France sous prétexte de rendre hommage au roi, mais en réalité avec l'intention d'étendre sa propre influence et de fortifier ses propres desseins, qui devaient empêcher Henri IV. de le forcer à restituer le marquisat de Saluse qu'il avait usurpé. Le roi découvrit l' intrigue du duc et tint une réunion du cabinet à ce sujet. Le Conseil était d'avis que le duc avait fait l'objet d'une fausse démonstration d'amitié afin de troubler la paix du royaume, que le roi était donc pleinement dans son droit de mettre la main sur lui comme sur un ennemi, qu'en conséquence de son Par ses propres actes, le duc ne pouvait prétendre à aucune immunité, et que par conséquent le roi serait fondé à l'empêcher de quitter la France jusqu'à ce qu'il ait rétabli le marquisat en question. Mais le roi n'était pas d'accord avec ses ministres, mais déclara : « Le duc est venu me rendre visite en liberté conditionnelle. S'il a failli à son devoir, je ne veux pas imiter un si mauvais exemple, et j'ai un si beau précédent dans ma propre maison que je suis obligé de le suivre plutôt que de suivre le duc. Il parlait en cela de François IER , qui, dans un cas similaire, avait accordé à l'empereur Charles QUINT le libre passage à travers la France, sans insister pour qu'il abandonne le duché de Milan ; et bien que plusieurs conseillers du roi d'alors pensaient qu'il profiterait de l'occasion pour contraindre l'empereur à restaurer le duché, ce qu'il avait d'ailleurs promis à plusieurs reprises de faire, François Ier préféra maintenir son honneur par - dessus tout . autre intérêt. Henri IV. a agi selon le même principe; il permit au duc de Savoie de partir sans être inquiété après l'avoir comblé d'honneurs et de divertissements, mais au moment où le duc fut revenu dans sa propre cour, le roi demanda la restitution du marquisat de Saluse selon sa promesse. Le duc refusa, sur quoi le roi envahit la Savoie, occupa tout le duché et l'obligea à tenir parole, non seulement pour le marquisat, mais pour plusieurs autres parties qu'il fut contraint de céder au roi par un traité conclu à Lyon, le 17 janvier 1601.

Réparation pour abus d'immunité.

Ceux qui pensent qu'on peut porter la main par la force sur un souverain qui a manqué à sa parole se persuaderont facilement que, dans un cas pareil, aucune loi internationale ne peut protéger la personne d'un simple ministre ; mais ceux qui sont vraiment bien instruits du droit des gens et de la question des droits souverains sont d'avis qu'un envoyé étranger étant soumis aux lois du pays où il réside, il n'est pas possible de mettre en mouvement contre lui les rouages du crime. justice intérieure, que le seul redressement des torts qu'il a commis est un appel à son maître, et que si son maître refuse la réparation, la responsabilité doit en incomber à lui et non à son ministre à l'étranger qui ne fait qu'exécuter son ordre. Ce privilège, rappelons-le, s'étend non seulement aux ambassadeurs eux-mêmes, mais souvent à leurs serviteurs, comme l'illustre l'exemple suivant.

La conspiration Mérargue .

Le roi Henri IV. , que l'on peut prendre comme modèle pour les princes, fut averti par le duc de Guise de la conspiration Mérargue dans laquelle un écuyer provençal nommé Merargue s'était entendu avec Dom Balthazar de Zuniga, l'ambassadeur d'Espagne, pour lui céder la ville de Marseille aux Espagnols dans un moment de paix profonde. Le roi arrêta non seulement Méargue , mais aussi le secrétaire particulier de l'ambassadeur d'Espagne, un nommé Bruneau. Tous deux ont été reconnus coupables de complot. Méargue fut exécuté et le roi remit le secrétaire particulier à son propre ambassadeur, disant qu'il serait heureux de voir Bruneau envoyé de l'autre côté de la frontière, bien qu'il se réservât lui-même le droit d'exiger satisfaction du roi d'Espagne pour le délit de Bruneau .

L'immunité, fonction de la souveraineté.

Or, si les princes avaient le droit de poursuivre devant leurs cours les envoyés étrangers, ceux-ci ne se sentiraient jamais en sécurité, car alors il serait facile de se débarrasser de l'un d'entre eux sous des prétextes fragiles, et le précédent une fois établi dans une bonne affaire serait sûrement suivi dans de nombreux cas où rien d'autre que de vains soupçons ne pourraient être portés contre l'envoyé en question. Ce serait en effet la fin de toute diplomatie. Bien sûr , il est vrai qu'un ministre qui brise la foi ne peut pas s'attendre à ce que les autres lui gardent confiance, surtout s'il est engagé dans des conspirations ou dans l'une de ces pratiques contre le prince et la sécurité du royaume dont j'ai parlé. Mais même dans un tel cas, le prince sage ne violera pas le droit des gens, qui doit toujours être respecté. Il usera plutôt de ses bons offices à la cour d'où est venu l'envoyé égaré pour le faire retirer. En même temps , il est toujours permis de placer une surveillance sur un ambassadeur infidèle, afin de l'empêcher de se livrer à des pratiques qui autrement nuiraient à l'État, et bien sûr, d'un autre côté, un ambassadeur avisé évitera certainement de tomber dans de telles intrigues. , car la protection même dont il jouit selon le droit des gens est une garantie de sa personne et de sa bonne conduite . Les avantages qui en découlent sont réciproques et les devoirs réciproques qu'il impose doivent être scrupuleusement observés. S'ils ne le sont pas, aucun droit des gens ne peut garantir à jamais un ambassadeur intrigant contre la fureur de la population une fois qu'elle est éveillée par des soupçons.

Ses abus sapent la véritable diplomatie.

Pour tous ces motifs, il est à plaindre le ministre qui reçoit des ordres de son maître de former des cabales dans un État étranger, et il aura besoin de toute son habileté et de son courage pour exécuter de tels ordres sans se laisser piéger dans le processus. On a dit avec raison qu'il n'y a aucun service qu'un prince ne puisse attendre de bons sujets et de fidèles ministres, mais une telle obéissance ne peut être considérée comme couvrant toute action contre les lois de Dieu ou de la justice, qui n'autorisent pas un instant les tentatives. sur la vie d'un prince, ou contre la sécurité de l'État, ou tout autre acte inamical commis sous le couvert du titre protecteur d'ambassadeur. Un bon ambassadeur découragera toujours les projets de ce genre, et si son maître persiste, il peut et doit exiger son rappel et se retirer dans l'obscurité, gardant jalousement le mauvais secret de son souverain. Pour rendre justice à la plupart des souverains régnants, il faut dire que peu d'entre eux se lancent dans des projets de ce genre. La grande majorité des intrigues et des cabales se font en leur nom dans les États étrangers, ou leur sont suggérées par leurs ministres ou par des diplomates astucieux, qui se chargent de les exécuter, et par eux de conférer de grands bénéfices au prince lui-même. Mais ces diplomates sont souvent les premiers à tomber dans les pièges tendus par leurs propres mains, et ne sont alors l'objet de pitié de personne. De nombreux exemples de ce genre peuvent être cités, et je pense que personne ne contestera la véracité de mon observation lorsque je dis que dans neuf cas sur dix, les diplomates qui donnent de tels conseils sont davantage motivés par une ambition personnelle ou une méchanceté mesquine que par les véritables intérêts . de la nation qu'ils servent.

Services secrets Pas d'abus d'immunité.

Mais que je ne me méprenne pas, il y a toute la différence entre la tentative de débaucher les sujets d'un prince souverain afin de les piéger dans une conspiration contre lui, et la tentative légitime d' utiliser toutes les occasions pour se renseigner. Cette dernière pratique a toujours été autorisée et constitue en fait un élément nécessaire de la diplomatie. Aucune critique ne peut s'abattre sur un envoyé étranger qui adopte avec succès cette pratique ; le seul coupable dans un tel cas est le citoyen d'un État étranger qui, pour des raisons de corruption, vend des informations à l'étranger. Indépendamment des considérations de droit international, l'intérêt de la paix publique exige la conservation des privilèges des envoyés étrangers, car autrement les guerres seraient encore plus fréquentes qu'elles ne le sont, car aucun prince ne permettrait que les insultes envers ses ministres restent sans vengeance. Ils sont à juste titre irrités, et le prince peut payer cher, dans sa propre tranquillité d'esprit et dans le repos de ses sujets, un moment de passion. Il lui suffit cependant d'exiger satisfaction pour la mauvaise conduite d'un envoyé étranger, et s'il a de justes raisons de se plaindre , il l'obtiendra probablement. En tout état de cause, le renvoi ou le rappel d'un ambassadeur sera lu comme une leçon pointue pour tous ses collègues diplomatiques, qui comprendront alors que le prix d'une mauvaise conduite est l'humiliation d'un renvoi.

Les pouvoirs d'un ambassadeur.

Lorsqu'un ambassadeur est envoyé dans une cour étrangère, son maître lui remet une lettre adressée au prince étranger lui demandant de donner le même crédit au porteur de la lettre qu'à son auteur. Cette dépêche est appelée lettre de créance, qui établit ainsi l'identité de son porteur et constitue le cachet de sa charge. En France, il existe deux sortes de lettres de créance : l'une appelée *Lettre de Cachet* , qui est expédiée et contresignée par le secrétaire d'État aux Affaires étrangères, et parfois aussi appelée *Lettre de la Chancellerie* . L'autre est écrite de la main d'un des secrétaires particuliers royaux, et signée du roi lui-même ; il est contresigné par n'importe quel ministre, et est ordinairement remis directement en audience privée au prince étranger auquel il est adressé. Le premier type de lettre est présenté lors d'une audience publique cérémoniale. Lorsqu'un négociateur est nommé par son prince dans un État libre ou dans une assemblée, qui à cet effet est traitée comme s'il s'agissait d'un tribunal, il ne reçoit pas de lettres de créance, mais son caractère et son identité sont pleinement établis dans ses pleins pouvoirs. qu'il doit échanger avec les ministres à son arrivée. Le document dit pleins pouvoirs est une autorisation du prince à son représentant à l'étranger pour entreprendre toutes sortes d'affaires publiques, dont le souverain lui-même s'engage à accepter par procuration de son ministre ; mais en règle générale , avec ces pleins pouvoirs, la question particulière en discussion est soigneusement spécifiée et le pouvoir d'agir y est limité.

Pleins pouvoirs.

Il existe deux sortes de pleins pouvoirs : l'un émanant directement du souverain et l'autre de ses adjoints, c'est-à-dire de ses ministres d'État qui ont l'autorité suffisante pour nommer des plénipotentiaires en son absence. De tels pouvoirs sont particulièrement souhaitables lorsque les États sont éloignés les uns des autres. Dans des négociations telles que celles entre la Cour de Madrid et les Pays-Bas ou les différents États italiens, l'avantage de cette procédure est évident... Les passeports ne sont bien entendu que de simples lettres qui établissent l'identité et la bonne foi de la personne comme étant distinctes. du représentant de l'État, et ils sont donnés même en temps de guerre afin d'assurer un passage sûr entre les pays en guerre pour les ministres engagés dans des négociations susceptibles de conduire à la paix.

Instructions.

L'instruction est un document écrit contenant un exposé des principales intentions du prince ou de l'État ; il doit être considéré comme une aide générale à la mémoire et un guide général de conduite. Il est secret et doit être conservé sous le contrôle de celui qui le reçoit, bien qu'il y ait bien sûr des occasions où il recevra l'ordre d'en communiquer des parties spécifiques à un ministre des Affaires étrangères ou à un prince étranger. Une telle communication est considérée en règle générale comme une marque de confiance particulière, mais d'un autre côté il arrive souvent que deux instructions soient données, l'une apparente, c'est-à-dire qu'elle est rédigée dans des termes tels qu'elle puisse être montrée aux autres. princes, et l'autre secret, qui contient les véritables et dernières intentions du prince lui-même. Mais même ce dernier genre d'instructions est sujet à modification par les dépêches quotidiennes que le négociateur reçoit de chez lui, et qui doivent être lues comme autant d'instructions nouvelles rédigées d'après les rapports qu'il a transmis à sa propre cour. Il s'ensuit donc que la manière dont un négociateur envoie des rapports à son gouvernement d'origine aura une grande influence sur le type d'instruction qu'il reçoit de temps à autre.

Instructions orales.

Le ministre des Affaires étrangères peut préférer ne pas mettre par écrit les instructions et les intentions de son maître royal mais les prononcer oralement, car il dispose alors d'une plus grande liberté d'interprétation selon les circonstances qui se présentent, qu'il n'en aurait s'il était tenu par la parole écrite. Il existe en outre le risque que de telles instructions, une fois consignées sur papier, soient laissées, sciemment ou involontairement, entre les mains d'un diplomate étranger appartenant à la partie adverse. Les risques ainsi encourus sont trop évidents pour que je puisse y insister. Au contraire, si les instructions sont laissées sous forme orale, elles peuvent au moins être répudiées si une situation dangereuse venait à survenir du fait qu'elles étaient portées à la connaissance d'un prince ennemi. Il y a bien sûr des occasions où il est impossible de ne pas s'engager à donner par écrit des instructions données à un plénipotentiaire, mais c'est une bonne règle dans toute négociation de retarder la délivrance d'instructions formelles et contraignantes aussi tard que possible dans les négociations, afin que les lignes générales sur lesquelles il est susceptible de procéder puissent être présentes à l'esprit du ministre qui les dresse pour la direction de l'ambassadeur.

Il n'est pas permis, sans violation grave du droit des gens, de contraindre un ministre à montrer ses instructions afin de prouver sa bonne foi, et il n'est pas non plus permis à un ministre de les communiquer sous quelque forme que ce soit sans un ordre exprès de son maître, car il peut pleinement se fier à sa lettre de créance pour établir à la fois son identité et sa bonne foi ; il est en outre doté de pleins pouvoirs dans lesquels les affaires de sa négociation sont toujours décrites en détail.

Liberté discrétionnaire.

Or, de telles instructions peuvent être aussi judicieuses et astucieuses qu'on peut l'imaginer, mais leur utilité dépendra de la sage interprétation qu'en fera le diplomate lui-même ; et, comme je l'ai souligné, le négociateur vraiment compétent saura toujours comment exécuter au mieux les ordres de son maître afin que les instructions reçues de lui soient rédigées sur la base d'informations à la fois actuelles et adéquates. Ainsi , même si la responsabilité finale de tout succès ou échec diplomatique semble incomber au roi et à ses ministres intérieurs, il n'en est pas moins vrai que, puisque ces ministres ne peuvent agir que sur la base d'informations provenant de l'étranger, l'influence qu'un Un diplomate éclairé peut exercer une très grande influence sur les actions et les desseins du gouvernement de son pays. Les hommes incapables agissant à l'étranger ne feront rien, même des instructions les plus brillantes ; des hommes capables, par l'exactitude et la sagacité de leurs rapports et de leurs suggestions, peuvent faire beaucoup pour améliorer même les instructions les plus médiocres, et c'est pourquoi la responsabilité de l'action diplomatique est en réalité partagée à un degré à peu près égal entre le gouvernement du pays et ses fonctionnaires à l'étranger. Le gouvernement du pays ne peut pas savoir quand l'occasion d'une action appropriée se présentera, et c'est pourquoi les rapports sur les situations étrangères qui sont transmis dans les dépêches des diplomates à l'étranger devraient être conçus de manière à présenter autant que possible une description intelligente des événements.

Valeur de l'esprit entraîné.

Quelle étonnante diversité et quelle inégalité il y a dans la conduite des hommes. Personne, pas même un ministre d'État, ne songerait à construire une maison sans le concours du meilleur architecte et des meilleurs ouvriers qu'il pourrait trouver ; mais il est très courant de constater que ceux qui sont chargés de la gestion d'affaires d'État très importantes, dont dépend le bonheur ou le malheur de tout le royaume, ne songent jamais à les confier à des esprits exercés, mais les confient au premier venu. , qu'il soit un architecte rusé ou un simple tailleur de pierre. C'est pourquoi les ministres et autres personnes en position d'autorité sont hautement coupables s'ils ne recrutent pas pour le service extérieur de l'État les hommes les plus capables et les plus sagaces. Car les erreurs diplomatiques entraînent parfois des résultats plus désastreux que les erreurs commises dans d'autres domaines de la vie, et à moins que le négociateur ne puisse discerner intelligemment l'événement à venir, il risque de se plonger, ainsi que son maître et son pays natal, dans un désastre irrémédiable.

L'incompétence est le parent du désastre.

C'est un crime contre la sécurité publique que de ne pas déraciner l'incapacité partout où elle est découverte, ou de permettre à un diplomate incompétent de rester un moment de plus que nécessaire dans un endroit où la compétence est cruellement nécessaire. Les défauts de la politique intérieure sont souvent plus faciles à corriger que les erreurs de la politique étrangère. Il existe de nombreux facteurs dans les affaires étrangères qui échappent au contrôle des ministres d'un État donné, et toute action étrangère exige une plus grande circonspection, une plus grande connaissance et une bien plus grande sagacité que ce qui est exigé dans les affaires intérieures. Le gouvernement ne peut donc pas choisir avec trop de soin les hommes qui serviront à l'étranger. En faisant un tel choix, le ministre des Affaires étrangères doit affronter comme un silex toute influence familiale et toute pression privée, car le népotisme est la damnation de la diplomatie. Il est en quelque sorte le garant auprès de Sa Majesté de ceux qu'il présente comme diplomates. Leur bon succès lui fera honneur , leur échec tombera avec une force redoublée sur sa tête, et pourra exiger de sa part des efforts herculéens pour réparer les dégâts qu'il a causés. Il est donc du premier intérêt, tant pour le ministre des Affaires étrangères lui-même que pour le bien-être de l'État, de veiller à ce que les hautes fonctions publiques de la diplomatie ne soient pas remplies par les intrigues et les cabales personnelles qui règnent dans toutes les cours et qui remettent souvent entre les mains du roi des instruments indignes de sa politique.

Le diplomate se prépare pour une mission étrangère.

Or, lorsqu'un diplomate a été nommé à un poste étranger, son premier soin doit être de demander les dépêches de son prédécesseur, afin qu'il puisse s'informer exactement de l'état des choses auquel il aura affaire. Il pourra ainsi reprendre le fil et mettre à profit à la fois les connaissances et les différentes relations personnelles qui se sont tissées autour de l'ambassade au cours du mandat de son prédécesseur. Et comme toutes les affaires publiques sont comme un grand réseau lié les unes aux autres, il est de la première importance qu'un diplomate se rendant en poste à l'étranger soit parfaitement maître de l'histoire récente, tant en ce qui concerne son propre État qu'en ce qui concerne le pays . relations qui existent entre le pays de son nouveau service et tous les pays voisins . C'est pourquoi, lorsque le diplomate nouvellement nommé aura lu avec soin les dépêches de son prédécesseur, il devra en prendre des notes, en s'efforçant de prévoir les difficultés qu'il rencontrera soit dans des questions aussi triviales qu'un cérémonial nouveau, soit dans les affaires plus importantes de la guerre. État, afin qu'il puisse en discuter avec son propre ministre des Affaires étrangères et recevoir ainsi toutes les lumières possibles.

Il doit étudier son propre ministère des Affaires étrangères.

Or, si prévoyant que soit un ministre, il lui est impossible de tout prévoir ou de donner à ses négociateurs des instructions suffisamment amples et en même temps précises pour les guider dans toutes les circonstances qui peuvent se présenter. Il est donc de la première importance que le diplomate nouvellement nommé en voyage dans un pays lointain consacre tout son temps, avant son départ, à la découverte des intentions et des desseins réels de son propre ministère des Affaires étrangères. En un mot, il doit saturer son esprit des pensées de son maître. Il ne doit pas seulement consulter ceux qui ont exercé des fonctions diplomatiques auprès de la cour étrangère devant laquelle il va se rendre, mais il doit prendre un soin particulier à garder le contact avec ceux qui ont vécu dans le pays, sous quelque qualité que ce soit, et à acquérir de leur donner toutes les connaissances qu'ils peuvent posséder. Même la plus humble de ces personnes peut être en mesure de lui fournir des informations qui l'aideront à régler sa conduite à l'étranger. Et avant son départ, il devra certainement prendre connaissance de l'ambassadeur représentant le pays dans lequel il va se rendre, afin d'obtenir de lui des lettres de recommandation privées et, en outre, afin de le persuader de son intérêt. son désir sincère de faire tout ce qui est en son pouvoir pour établir de bonnes relations entre les deux États. Il devra faire savoir à l'ambassadeur étranger en question qu'il ne perdra aucune occasion de témoigner du succès de sa mission et de l'estime qu'il a gagnée chez lui. Ce faisant, il pourra rapidement se faire de nouveaux amis puissants dans son nouveau domaine de travail . Car c'est un lieu commun de l'expérience humaine que les hommes fassent ce qu'ils font : la réciprocité est le fondement le plus sûr de l'amitié.

Le diplomate attentif accordera la même attention au choix de ses domestiques qu'aux sujets plus importants. Ceux qui l'entourent doivent lui faire honneur. Une maison bien ordonnée, servie par des personnes fiables et bien élevées, est une bonne publicité, tant pour l'ambassadeur que pour le pays d'où il vient, et afin qu'ils n'aient aucune excuse pour une conduite mal réglée, il devrait fixer un prix élevé. exemple devant eux dans sa propre personne. Le choix d'un secrétaire particulier est peut-être le plus important de tous, car s'il est étourdi, frivole ou indiscret, il risque de causer un tort irréparable à son maître ; et s'il s'agit d'une personne susceptible de s'endetter, son embarras peut être la cause de très graves ennuis. Il y a quelques années , le secrétaire particulier d'un ambassadeur de France a vendu le code privé de l'ambassade pour une somme importante afin d'effacer ses dettes. Ainsi les dépêches de l'ambassadeur furent interceptées et lues, avec des conséquences très graves sur les relations entre les deux pays, malgré le fait que l'intérêt évident des deux pays allait dans le même sens. La nécessité d'avoir comme secrétaires des hommes fidèles et capables a fait croire qu'il serait très utile de les établir en rang comme faisant partie du service public du roi, et de rétablir ainsi une coutume abolie depuis quelque temps. en France. Ce serait une pratique souhaitable, car cela permettrait de former un grand nombre d'hommes au service diplomatique de la Couronne, parmi lesquels pourraient être tirés des ambassadeurs et des envoyés. C'est une pratique courante dans plusieurs pays étrangers, et il ne fait aucun doute qu'elle conduit à l'amélioration de l'ensemble du service diplomatique. Car si les secrétaires et attachés sont choisis et payés par le gouvernement du Roi , ils tendront à acquérir une efficacité soignée et *un esprit de corps* qui seront la meilleure protection de ses secrets. Et il est évident que tant que le choix de ces personnes est laissé à la seule décision personnelle de l'ambassadeur, il existe toujours un risque qu'il ne puisse pas offrir une somme suffisante pour s'adjoindre les services d'hommes de bien. Ainsi, une rémunération adéquate et une reconnaissance officielle appropriée de ces jeunes diplomates sont une partie nécessaire de toute véritable réforme du service extérieur, et ce serait certainement un grand soulagement pour la plupart des ambassadeurs de se décharger de la responsabilité du choix ainsi que du fardeau de rémunérer les secrétaires pour leurs services. L'État sera certainement bien récompensé si une politique telle que celle que je propose est adoptée, car la diplomatie deviendra alors l'école où les bons ouvriers apprendront rapidement à se servir de leurs outils.

A son arrivée dans un tribunal étranger, le négociateur doit se faire connaître, ainsi que sa mission, aux autorités compétentes le plus tôt possible et demander une audience privée avec le prince afin qu'il puisse établir immédiatement un contact et préparer ainsi la voie à de bonnes relations. entre son maître et le souverain étranger. Lorsqu'il a pris les mesures nécessaires à cet effet , il ne doit pas se précipiter pour entreprendre des démarches importantes, mais plutôt étudier le *terrain* . A cet effet , il devra rester un observateur attentif et silencieux des habitudes de la cour et du gouvernement, et s'il se trouve dans un pays où le prince est réellement le souverain, il devra étudier avec la plus grande assiduité toute la vie et les habitudes de la population. le dernier; car la politique n'est pas simplement une question de haute conception impersonnelle, c'est une vaste complexité dans laquelle les inclinations, les jugements, les vertus et les vices du prince lui-même joueront un grand rôle. Des occasions se présenteront constamment où l'adroit négociateur qui s'est doté de ces connaissances pourra les utiliser avec le plus grand effet possible. Et il devrait tester ses propres conclusions en comparant discrètement ses notes avec celles d'autres négociateurs étrangers de la même cour, surtout s'ils y ont eu une longue résidence. Jusqu'à un certain point, la coopération entre ambassadeurs étrangers est non seulement admissible, mais souhaitable et nécessaire. Et comme aucun prince, pas même le plus autocratique, ne s'acquitte entièrement seul des devoirs du gouvernement sans se confier à un ou plusieurs ministres privilégiés , le négociateur devrait se faire un devoir de connaître une grande partie des ministres et des confidents entourant le roi qui ont le plus d'intérêt pour lui. confiance, car de la même manière que décrit ci-dessus, les qualités personnelles, les opinions, les passions, les goûts et les aversions sont tous des sujets d'étude pertinents et doivent être soigneusement observés par tout négociateur sérieux.

Relations avec les collègues.

Lorsqu'un envoyé étranger arrive à une cour et a été reçu par le prince, il doit en informer tous les autres membres du corps diplomatique, soit par un écuyer de sa suite, soit par un secrétaire. Ils lui rendront alors leur première visite, mais il ne recevra de visite qu'après avoir accompli la formalité d'annoncer à chacun tour à tour son arrivée ; et dans une cour où se trouvent les ambassadeurs de plusieurs rois, chacun, en arrivant, doit présenter d'abord ses respects à l'ambassadeur de France, qui occupe partout le premier rang. Les Espagnols, qui ont adopté toutes les chicanes pendant tout un siècle pour éviter la reconnaissance de la préséance française, qui est d'ailleurs un droit immémorial du roi de France, l'ont finalement reconnue par la déclaration publique faite par Philippe IV . à Sa Majesté en 1662 par le marquis de la Fuente, ambassadeur d'Espagne à Paris, née de la violente dispute à Londres entre le comte d'Estrade et le baron de Vatville , après laquelle aucun ambassadeur d'Espagne ne consentit à être présent à toute cérémonie à laquelle assisterait l'ambassadeur de France. Diverses autres tentatives ont été faites pour contester la suprématie française, mais sans résultat....

Rapport des premières impressions.

Après s'être pleinement informé de toutes ces choses et s'être mis en mesure de savoir immédiatement si le prince a changé d'avis ou transféré sa confiance d'un serviteur à un autre, il devra consigner fidèlement toutes ces choses dans une dépêche à son gouvernement, présentant un tableau complet de la cour telle qu'il la voit, et exposant en même temps les conclusions qu'il a tirées de ses observations. Il ne manquera pas d'indiquer les méthodes par lesquelles il se propose d'agir, ou les moyens qu'il se propose d'utiliser, pour exécuter les ordres qu'il a reçus. En même temps , il ne manquera pas de tenir à jour ses propres connaissances et de les utiliser pour trouver et maintenir ouvertes toutes les voies possibles d' approche du prince auprès duquel il est accrédité, ou de ses ministres et favoris . Il ne fait aucun doute que la manière la plus sûre et la meilleure pour le négociateur d'établir de bonnes relations est de prouver aux deux tribunaux que leur union présente un grand avantage mutuel. C'est la conception essentielle de la diplomatie que de conférer un tel avantage mutuel et de mener la politique au succès en s'assurant la coopération de ceux qui autrement pourraient être ses adversaires. Le succès obtenu par la force ou par la fraude repose sur des bases fragiles. En revanche, le succès diplomatique, obtenu grâce à des méthodes qui confèrent des avantages réciproques aux deux parties, doit être considéré non seulement comme solidement fondé, mais aussi comme la promesse sûre d'autres succès à venir. Je ne suis cependant pas assez stupide pour supposer que cette méthode peut être appliquée dans toutes les situations. Il y a des moments où il est nécessaire pour le négociateur d'exploiter les haines, les passions et les jalousies de ceux avec qui il traite, et c'est pourquoi il y aura des occasions où il sera plus facile et plus fructueux de faire appel aux préjugés plutôt qu'à une quelconque appréciation de la vérité. et les intérêts permanents des personnes concernées. Comme nous l'avons observé plus haut, les rois et les nations se lancent souvent dans des politiques imprudentes sous l'impulsion de la passion, et jettent généralement par-dessus bord toute considération de leurs véritables intérêts.

Caractère et caprices du prince étranger.

La haute élévation des têtes couronnées ne les empêche pas d'être humaines ; et en fait, d'une certaine manière, cela les expose à certaines faiblesses dont les hommes inférieurs, en raison de leur position, sont largement libérés. Il y a une certaine fierté de position, une certaine estime de soi arrogante, qu'on ne trouve que chez les personnes haut placées, et qui est plus marquée chez les rois et les ministres. Pour cette raison, et en raison du pouvoir réel que leur position élevée met entre leurs mains, les rois sont ouverts à la persuasion et à la flatterie d'une manière dont les hommes d'un degré inférieur ne peuvent être approchés. Cette considération doit toujours être présente à l'esprit du bon négociateur, qui doit donc s'efforcer de se débarrasser de ses propres sentiments et préjugés et de se mettre à la place du Roi afin de comprendre pleinement les désirs et les caprices qui guident ses actions. . Et quand il l'aurait fait, il devrait se dire : « Or, si j'étais à la place de ce prince, exerçant son pouvoir, soumis à ses passions et à ses préjugés, quel effet auraient sur moi ma mission et mes arguments ? Plus il se mettra ainsi à la place des autres, plus ses arguments seront subtils et efficaces. Et ce n'est bien sûr pas seulement en matière d'opinion que cet usage de l'imagination est précieux, c'est plus particulièrement dans tous ces aspects personnels où le pouvoir de faire plaisir par la flatterie ou par tout autre moyen est efficace.

L'utilisation des compliments.

Nul n'oubliera que les têtes couronnées, et même leurs ministres eux-mêmes, sont habitués dès leur naissance à la soumission de leur entourage, à recevoir leur respect et leurs louanges. Cette expérience ininterrompue de l'obéissance des autres est susceptible de les rendre très sensibles à la critique et peu disposés à écouter la contradiction. Il y a peu de princes à qui il soit facile de dire la vérité, et comme ce n'est pas l'affaire du négociateur, sauf en de rares occasions, de dire la vérité à une cour étrangère, il évitera autant que possible tout ce qui pourrait blesser. l'orgueil royal qui est le résultat naturel de la manière dont les princes sont élevés. En revanche, il ne fera jamais d'éloges vides de sens ni n'applaudira un acte répréhensible, et lorsque l'éloge est rendu comme il le mérite, le négociateur doit savoir l'habiller d'un langage chaste et digne. Et comme les princes sont habitués à entendre constamment chanter leurs louanges, ils deviennent des connaisseurs en louanges et de bons juges d'un compliment opportun. C'est l'art supérieur du courtisan subtil que de savoir adresser à son roi un compliment bien tourné, et surtout, si le roi est doué d'une intelligence réelle, de ne jamais le louer pour des qualités qu'il ne possède pas. N'importe quel imbécile peut gagner l'estime d'un prince qui est aussi un imbécile par des éloges aveugles. Les sages s'appuieront sur leurs propres mérites et sur le bon sens du roi partout où ils auront la chance de servir un monarque ainsi doté. Louer un roi pour les choses qui sont inhérentes à sa position, comme les richesses, les demeures spacieuses et les beaux vêtements, n'est que stupidité. Un roi qui mérite d'être loué n'appréciera vos louanges que si elles sont accordées à des qualités qu'il sait louables. Dans cette affaire, le négociateur doit être suffisamment avisé du monde pour toujours se rappeler que la bonne faveur des dames de la cour doit être gagnée par des moyens différents de ceux de Sa Majesté ou des ministres. Et comme, comme je l'ai souligné ailleurs, les démarches auprès du roi et de ses ministres peuvent peut-être se faire plus facilement par l'influence féminine, le négociateur étudiera soigneusement le caractère et les faiblesses de toutes les dames de la cour afin de conserver ces informations utiles. et des voies attrayantes s'offrent à lui.

Artisanat à la table de cartes.

Les méthodes pour donner du plaisir, comme je le dis, doivent varier. Un des ambassadeurs les plus illustres et les plus sagaces de notre temps, un de mes amis, ne négligeait rien, mais il disait qu'il n'y avait pas de chemin plus sûr pour gagner la bonne volonté d'un souverain que de lui permettre de gagner aux cartes. et que bien des grandes entreprises avaient été menées à bien grâce au petit tas de pièces d'or qu'il passait de lui à son royal adversaire à la table de jeu. Mon ami disait en plaisantant qu'il avait fait le fou aux tables de cartes étrangères pour prouver qu'il était un sage chez lui ! Sa plaisanterie contenait une vérité que j'espère que chaque négociateur prendra à cœur...

Plaidoyers de bon sens.

Les moyens que j'ai exposés ci-dessus sont, je crois, applicables dans la plupart des situations, mais il existe bien sûr des variations à observer. Il n'est pas toujours facile pour un négociateur, en quittant son pays, de se rappeler combien il y a de différence entre son propre tribunal et celui auquel il se rend. Car, que le pays étranger qui est sa nouvelle patrie soit sur un pied d'égalité avec le sien ou qu'il s'agisse d'une puissance de rang inférieur dans le monde, les grandes différences de conceptions nationales entre eux doivent être pleinement comprises avant que le négociateur puisse faire des progrès. C'est donc sa première tâche, quelles que soient la grandeur et la splendeur de la cour à laquelle il est accrédité, de gagner la faveur générale en démontrant un intérêt réel et sincère pour le bien-être de ses nouveaux associés et pour toutes les coutumes de la cour. et les habitudes du peuple ; et dès son arrivée il devra se montrer prêt à partager des informations tant avec ses nouveaux collègues du Corps Diplomatique qu'avec les ministres du Roi auprès desquels il est envoyé. Permettez -moi d'insister là-dessus. On observera que si un négociateur a la réputation de s'exprimer librement sur de nombreux sujets, il n'est pas improbable que ceux qui ont des secrets à révéler lui parlent d'autant plus librement. Un négociateur de ma connaissance et que j'admire avec beaucoup d'estime a dit un jour : « La diplomatie est comme une chaîne de dix maillons à laquelle il ne manque peut-être qu'un seul pour la compléter : c'est l'affaire du diplomate de fournir le dixième maillon. C'est vrai, et je crois que le diplomate le moins enveloppé dans le secret le découvrira le plus rapidement et le plus sûrement. Il est donc important que le négociateur, disposant de toutes sortes d'informations, soit guidé par un bon jugement dans l'utilisation de celles-ci. Il doit se rendre compte que dans toute information, il n'y a qu'un ou deux éléments qui sont de première importance et que, par conséquent, la liberté avec laquelle il utilise le reste ne doit en aucun cas mettre en péril les plans de son maître. Plus il peut partager librement ces informations et plus il accorde ses éloges aux individus avec soin, plus les hommes diront sûrement de lui qu'il est une personne fiable et se tourneront vers lui dans les moments de crise.

La patience de l'horloger.

Tout homme sensé désire avoir une bonne réputation aux yeux de ceux avec qui il traite des affaires, et c'est pourquoi il donnera du fil à retordre à tous les moyens visant à garantir la bonne volonté des hommes dont j'ai parlé. S'il constate au cours de son travail que le prince lui-même ou l'un de ses ministres est mauvais à son égard ou intraitable dans la discussion, il ne doit pas pour cela se permettre d'imiter la faute, mais doit redoubler d'efforts dans le sens contraire. Il doit en effet se comporter comme le ferait un bon horloger lorsque son horloge est en panne : il doit s'efforcer de supprimer la difficulté, ou du moins d'en contourner les conséquences. Il ne doit pas se laisser influencer par ses propres sentiments. Dans toutes les affaires publiques, les préjugés sont la maison de nombreux malinterprètes .

Un idéal élevé.

Il pourrait sembler que l'idéal que je propose maintenant au négociateur est trop élevé pour qu'un homme puisse l'atteindre. Il est vrai qu'aucun homme ne peut jamais exécuter ses instructions sans faute, mais s'il n'a pas devant lui un idéal pour le guider , il se trouvera plongé au milieu d'affaires distrayantes, sans aucune règle pour sa propre conduite. C'est pourquoi je lui soumets ces considérations : qu'en dépit de toutes les déceptions et de toutes les exaspérations, il doit agir avec *sang-froid* ; il doit travailler avec patience pour éliminer tous les obstacles qui se trouvent sur son chemin, qu'ils soient placés là par accident ou acte de Dieu ou par le mauvais dessein des hommes ; il doit conserver un esprit calme et résolu lorsque les conjonctures des événements semblent conspirer contre lui ; et enfin, il doit se rappeler que s'il permet à ses sentiments personnels ou scandaleux de guider sa conduite dans la négociation, il se trouve sur la voie sûre et directe du désastre. En un mot, lorsque les événements et les hommes sont méchants , il ne doit jamais désespérer de pouvoir les changer, ni non plus lorsqu'ils sourient à ses efforts, il ne doit pas nourrir l'illusion que leur bonne faveur durera pour toujours .

La double fonction du négociateur.

Les fonctions d'un ministre envoyé en mission dans un pays étranger se répartissent en deux catégories principales : la première pour diriger les affaires de son maître, et la seconde pour découvrir les affaires des autres. Le premier concerne le prince ou ses ministres d'État, ou en tout cas les députés à qui est confié l'examen de ses propositions. Dans tous ces différents types de négociation, il doit rechercher le succès principalement par sa procédure directe et honnête, car s'il tente de réussir par la subtilité ou par un sentiment de supériorité sur ceux avec qui il est engagé, il risque très probablement de se tromper. Il n'y a pas de prince ou d'État qui ne dispose d'un émissaire avisé pour discerner ses véritables intérêts. Et en effet, même parmi les gens qui paraissent les moins raffinés, il y a souvent ceux qui connaissent le mieux leurs propres intérêts et les suivent avec le plus de constance. C'est pourquoi le négociateur, aussi compétent soit-il, ne doit pas essayer d'enseigner à ces personnes ce qui les concerne, mais il doit épuiser toutes les ressources de son esprit et de son esprit pour leur prouver le grand avantage des propositions qu'il a à faire. .

Diplomatie, un commerce d'avantages.

Un ancien philosophe disait que l'amitié entre les hommes n'est rien d'autre qu'un commerce dans lequel chacun cherche son propre intérêt. Il en est de même, et plus encore, des liaisons et des traités qui lient un souverain à un autre, car il n'y a pas de traité durable qui ne soit fondé sur des avantages réciproques, et en effet un traité qui ne satisfait pas à cette condition n'est pas du tout un traité, et est susceptible de contenir les germes de sa propre dissolution. Ainsi, le grand secret de la négociation est de mettre en évidence l'avantage commun aux deux parties à toute proposition, et de lier ainsi ces avantages de manière à ce qu'ils paraissent également équilibrés aux deux parties. A cet effet, lorsque des négociations sont en cours entre deux souverains, l'un le plus grand et l'autre le plus petit, le plus puissant de ces deux devra faire le premier pas, et même entreprendre une grande dépense d'argent pour réaliser l'union des intérêts avec son souverain. moindre voisin , car son propre intérêt lui montrera qu'il a réellement en vue le plus grand objectif et les plus grands avantages, et que tous les avantages qu'il pourra conférer ou les subventions qu'il pourra accorder à son allié le plus faible seront facilement récompensés par le succès. de ses créations. Or, comme nous l'avons dit, le secret de la négociation est d' harmoniser les intérêts des parties concernées. Il est clair que si un négociateur exclut la méthode honnête et directe de la raison et de la persuasion, et adopte au contraire une attitude hautaine et menaçante, alors il doit évidemment être suivi par une armée prête à envahir le pays dans lequel il a présenté de telles propositions. affirmations provocatrices. Sans une telle démonstration de force, ses prétentions échoueraient, même si, par des arguments avantageux, elles auraient pu prévaloir auprès du prince auquel il s'adressait, et qui aurait pu les accepter si elles avaient été proposées d'une manière différente. Lorsqu'un prince ou un État est assez puissant pour dicter à ses voisins l'art de la négociation perd de sa valeur, car alors il n'y a besoin que d'une simple déclaration de la volonté du prince ; mais lorsqu'il y a un rapport de force, un prince indépendant ne décidera de favoriser l'une des deux parties en conflit que s'il discerne des avantages pour lui-même et de bons résultats pour la prospérité de son royaume.

Harmonie l'état idéal.

Un prince qui n'a pas d'ennemis puissants peut facilement imposer un tribut à toutes les puissances voisines , mais un prince dont le but est de s'agrandir et qui a de puissants ennemis doit chercher des alliés parmi les petits États afin d'augmenter ceux qui lui sont amis ; et si possible , il devrait pouvoir prouver sa puissance par les avantages que peut leur conférer une alliance avec lui. La fonction principale du négociateur est donc de réaliser une union harmonisée entre son maître et le souverain auprès duquel il est envoyé, ou bien de maintenir et d'accroître les alliances existantes par tous les moyens en son pouvoir. Il doit travailler à dissiper les malentendus, à empêcher que des sujets de dispute ne surgissent, et généralement à maintenir dans ce pays étranger l' honneur et les intérêts de son prince. Cela inclut la protection et le patronage de ses sujets, l'assistance à leurs entreprises commerciales et la promotion de bonnes relations entre eux et les sujets du prince étranger à la cour duquel il est accrédité. Il doit toujours supposer qu'il n'y a pas de prince ni d'État au monde qui ne désire éviter une situation de crise, et que les princes qui aiment pêcher en eaux troubles ne manqueront jamais des moyens de les attiser, mais que les tempêtes que de tels hommes évoquent sont susceptibles de les submerger, de sorte que le négociateur avisé fera tout ce qu'il peut pour éviter de provoquer, et se comportera de telle manière que personne ne pourra lui imputer des motifs imprudents.

La recherche d'informations.

Sa seconde fonction étant de découvrir tout ce qui se passe à la cour et dans le cabinet, il devra d'abord s'efforcer d'apprendre de son prédécesseur tout ce qu'il sait sur l'état des choses dans le pays où il va se rendre et obtenir de lui les conseils et suggestions qui peuvent être utiles. Il doit reprendre les amis et les connaissances laissés par son prédécesseur et les enrichir en s'en faisant de nouveaux. Ce ne serait pas une mauvaise pratique en cette matière que d'imiter la règle établie de la République de Venise, qui oblige l'ambassadeur revenant d'un tribunal étranger à rendre par écrit un compte rendu détaillé du pays, tant pour l'information du public que pour l'instruction. de son successeur à l'ambassade. Les diplomates de Venise ont tiré un grand avantage de cette pratique, et on a souvent remarqué qu'il n'y a pas en Europe de négociateurs mieux instruits que ceux de Venise.

Franc-maçonnerie de la diplomatie.

La découverte du cours des événements et de la tendance politique d'un pays étranger est plus naturelle lorsqu'on connaît à la fois le personnel et les habitudes politiques du pays, et un négociateur pour la première fois dans un tel pays ne doit négliger aucune source d'information. . En plus de ceux mentionnés ci-dessus, il trouvera très probablement que ses collègues du Corps Diplomatique lui seront utiles, car comme tout le corps diplomatique travaille dans le même but, à savoir découvrir ce qui se passe, il peut survenir... Il arrive en effet souvent une franc-maçonnerie diplomatique par laquelle un collègue informe un autre des événements à venir qu'un heureux hasard lui a permis de discerner. Une telle collaboration est possible dans tous les cas, sauf ceux où leurs souverains sont en désaccord. En ce qui concerne les renseignements que l'on peut tirer de la population du pays lui-même, le moyen le plus sûr et le plus court est de se faire un confident de quelqu'un déjà dans les conseils du prince étranger, mais cela ne doit se faire que par les moyens qui permettront le négociateur de surveiller son correspondant et d'éviter ainsi que les projets de son maître ne soient compromis. Cette action est très nécessaire, car en diplomatie comme en guerre, il existe des choses telles que des doubles espions payés par les deux parties. Le plus malin d'entre eux commencera par donner des informations vraies et de bons conseils afin de mieux tromper ultérieurement le négociateur. Il y a même eu des princes assez subtils pour voir l'avantage de permettre à leurs confidents de se comporter ainsi, et je connais des cas où le confident d'un souverain, sous l'apparence d'une liaison secrète avec un envoyé étranger, donnait à ce dernier des renseignements vrais et faux. en même temps, et masquait ainsi efficacement les desseins de son maître. Un ambassadeur doit toujours se méfier d'une telle tromperie.

Le Hollandais insensé.

Il y avait en Angleterre, en 1671, un ambassadeur des Pays-Bas qui se laissait si facilement convaincre par certains conseillers privés du roi Charles II. que leur maître n'avait pas l'intention d'entrer en guerre contre les États généraux, que dans ses dépêches au pays il donnait l'assurance la plus explicite qu'il n'y avait rien à craindre de l'Angleterre, traitant en ridicule l'opinion que Londres avait résolu de les attaquer ; et nous avons appris depuis que ces conseillers anglais avaient été délibérément désignés par le roi pour jouer sur la crédulité de l'ambassadeur hollandais. Il y a eu à notre époque des ambassadeurs d'autres pays qui ont fait de même.

Toutes les actualités doivent être testées.

Or, le négociateur astucieux ne croira probablement pas tout ce qu'il entend, ni n'acceptera des conseils qu'il ne peut pas tester ; il doit examiner l'origine de l'information, ainsi que l'intérêt et les motivations de ceux qui la lui proposent. Il doit tenter de découvrir les moyens par lesquels ils l'ont eux-mêmes acquis, et il doit le comparer avec d'autres informations pour voir si elles correspondent à ce qu'il sait être vrai. Il existe de nombreux signes par lesquels un esprit perspicace et pénétrant sera capable de lire la vérité en mettant chaque lien d'information en contact avec un autre. À cette fin, aucune règle ne peut être établie pour guider un diplomate dans une telle affaire, car à moins qu'un homme ne naisse avec de telles qualités, il ne peut les acquérir, et à ceux qui ne les possèdent pas, autant parler aux sourds. comme écrivent ces observations.

Le goût des secrets.

Un négociateur peut découvrir des secrets nationaux en fréquentant la compagnie des autorités, et il n'existe pas de tribunal au monde où les ministres ou autres ne soient pas ouverts à diverses approches, soit parce qu'ils sont indiscrets et en disent souvent plus qu'ils ne le devraient, ou parce qu'ils sont mécontents et prêts à révéler des secrets pour satisfaire leur jalousie. Et même les ministres les plus expérimentés et les plus fiables ne sont pas toujours sur leurs gardes. J'ai vu des hommes d'État hautement qualifiés et éprouvés qui néanmoins, au cours de la conversation et par d'autres signes, laissaient échapper des expressions qui donnaient des indications importantes sur leur politique. Et il y a dans chaque cour des courtisans qui, bien que non membres du Conseil du roi, savent par une longue pratique découvrir un secret, et qui sont toujours prêts à le révéler pour montrer leur importance et leur pénétration. Il est presque impossible de dissimuler à un négociateur actif, observateur et éclairé un projet important de politique publique, car aucun départ d'État ne peut jamais avoir lieu sans une grande préparation qui implique le partage de nombreux secrets par de nombreuses personnes, ce qui constitue un danger. contre lequel il est presque impossible de se prémunir, même à ceux qui prennent les plus grandes précautions.

Sur la transmission des informations.

Or, dans la transmission d'informations de ce genre, le négociateur doit rendre compte exactement de toutes les circonstances qui l'entourent, c'est-à-dire comment et par qui il les a acquises ; et il devra l'accompagner de ses propres commentaires et conjectures, afin que le prince soit pleinement informé et puisse juger si les conclusions tirées de toutes les circonstances sont bien ou mal fondées. Il y a certaines choses qu'un ministre habile découvrira par lui-même, et dont il devra rendre compte exactement à son maître, car une telle connaissance est souvent une clé sûre, même pour les desseins les plus secrets. Ainsi, il peut, par sa propre observation, découvrir les passions et les intérêts dominants du prince à la cour duquel il est envoyé : s'il est ambitieux, minutieux ou observateur ; s'il est belliqueux ou préfère la paix ; s'il est le véritable dirigeant du pays, et sinon par qui il est dirigé ; et en général quels sont les principaux inclinations et les intérêts de ceux qui ont le plus d'influence sur lui. Il doit également s'informer exactement de l'état des forces militaires sur terre et sur mer, du nombre et de la force des places fortifiées, si celles-ci sont toujours maintenues dans un état élevé d'efficacité et bien approvisionnées en munitions, de l'état des lieux. de ses ports de mer, de ses vaisseaux de guerre et de ses arsenaux, du nombre de troupes qu'il peut mettre en campagne à la fois, tant de cavalerie que d'infanterie, sans dépouiller ses forteresses de leurs garnisons. Il doit connaître l'état de l'opinion publique, si elle est bien disposée ou mécontente ; il doit garder entre ses mains les fils de toutes les grandes intrigues, connaissant toutes les factions et tous les partis entre lesquels l'opinion est divisée ; il doit connaître les opinions des ministres et des autres personnes en position d'autorité dans des domaines tels que la religion. Il ne doit même pas négliger l'observation de la maison personnelle du Roi, de la manière dont ses affaires intérieures sont conduites, de ses dépenses, tant pour sa maison que pour ses établissements militaires, du temps qu'il y passe, etc. les alliances, tant offensives que défensives, conclues avec d'autres puissances, notamment celles qui paraissent hostiles dans leur dessein ; il doit pouvoir décrire à tout moment l'attitude de tous les principaux États à l'égard de la cour auprès de laquelle il est accrédité, et rendre compte des relations diplomatiques qui existent entre eux.

Action appropriée aux États démocratiques.

Il doit prêter une attention assidue au prince et acquérir ainsi une familiarité suffisante avec lui pour pouvoir le voir et lui parler fréquemment sans cérémonie, afin qu'il soit toujours en mesure de savoir ce qui se passe et d'insinuer dans l'histoire. dans l'esprit du prince ce qui est favorable au dessein de son maître. S'il vit dans un État démocratique , il doit assister à la Diète et aux autres assemblées populaires. Il doit tenir des portes ouvertes et une table bien garnie pour attirer les députés, et ainsi, par son honnêteté et par sa présence, gagner l'oreille des hommes politiques les plus compétents et les plus autorisés, qui peuvent être capables de vaincre un dessein hostile ou de soutenir un parti favorable . un. Si des personnes de cette espèce ont la liberté d' *entrer* chez l'ambassadeur, une bonne table aidera grandement à découvrir tout ce qui se passe, et la dépense qui y est engagée n'est pas seulement honorable mais extraordinairement utile si seulement le négociateur lui-même sait comment en tirer profit.

La valeur de la bonne humeur.

en effet dans la nature des choses que la bonne humeur soit une grande conciliatrice, qu'elle favorise la familiarité et favorise la liberté d'échange entre les convives, tandis que la chaleur du vin fera souvent découvrir d'importants secrets. Il y a plusieurs autres fonctions à l'emploi des ministres publics, comme par exemple celle d'informer un prince des bonnes ou des mauvaises nouvelles concernant son propre maître, ou celle de transmettre des compliments ou des condoléances dans un cas semblable au prince lui-même. Un négociateur qui connaît son métier ne négligera pas la moindre de ces occasions, et il remplira sa fonction de manière à montrer que son maître s'intéresse véritablement à tout ce qui se passe à la cour étrangère. En effet, le meilleur négociateur est celui qui anticipe même les ordres de son propre maître et se montre si habile à négocier ses intentions qu'il est capable d'agir à l'avance sur chaque événement de ce genre et de présenter ainsi les sentiments de son maître dans un langage approprié. avant même qu'un autre diplomate étranger ait commencé à réfléchir à la question. Et lorsqu'il recevra effectivement les ordres de son maître à ce sujet, s'ils s'avèrent être d'un caractère quelque peu différent des expressions qu'il a déjà employées, son habileté lui permettra de combler la différence apparente. Les fonctions du diplomate cessent automatiquement à la mort de son maître ou à celle du prince auprès duquel il est accrédité, et ne sont reprises qu'après réception de nouvelles lettres de créance. Ils prennent également fin lors de son retrait ou lors d'une déclaration de guerre, mais il convient de noter que les privilèges attachés à la charge d'ambassadeur selon le droit des gens demeurent intacts, nonobstant toute déclaration de guerre ou autre interprétation de ses fonctions, et ces privilèges restent en vigueur jusqu'à ce qu'il atteigne son propre territoire national.

La conduite des négociations.

La diplomatie est une affaire de communications orales et écrites. La première est la méthode courante lorsqu'il s'agit d'une cour royale, la seconde est habituelle dans les républiques et les États dans lesquels les assemblées, comme la Diète de l'Empire de Suisse, sont les dépositaires du pouvoir. Il est toujours d'usage que les États se réunissent en France pour échanger des déclarations politiques par écrit. Mais il est toujours plus avantageux pour le diplomate expérimenté de négocier face à face, car il peut ainsi découvrir les véritables intentions de ceux avec qui il a affaire. Sa propre compétence lui permettra alors à la fois d'agir et de parler de manière appropriée et juste. La plupart des hommes qui s'occupent des affaires publiques accordent plus d'attention à ce qu'ils disent eux-mêmes qu'à ce qu'on leur dit. Leur esprit est si plein de leurs propres idées qu'ils ne peuvent penser à rien d'autre qu'à obtenir l'oreille des autres et ne se laisseront guère convaincre d'écouter les déclarations des autres. Ce défaut est particulier à ces nations vives et impatientes comme la nôtre, qui ont peine à maîtriser les tempéraments impétueux. On a souvent remarqué que, dans la conversation ordinaire, les Français parlent tous à la fois et s'interrompent sans cesse, sans chercher à entendre ce que chacun a à dire.

L'auditeur approprié.

L'une des qualités les plus nécessaires chez un bon négociateur est d'être capable d'écouter ; trouver une réponse habile mais triviale à toutes les questions qui lui sont posées, et ne pas être pressé de déclarer ni sa propre politique, ni encore moins ses propres sentiments ; et en ouvrant les négociations, il devra se garder de révéler toute l'étendue de son dessein, sauf dans la mesure où il est nécessaire d'explorer le terrain ; et il doit gouverner sa propre conduite autant par ce qu'il observe sur le visage des autres que par ce qu'il entend de leurs lèvres. L'un des grands secrets de la diplomatie est de séparer le réel du trivial, et pour ainsi dire, de distiller goutte à goutte dans l'esprit de vos concurrents les causes et les arguments que vous souhaitez qu'ils adoptent. Par ce moyen, votre influence se répandra progressivement dans leur esprit, presque à leur insu. En agissant ainsi, le négociateur gardera à l'esprit que la majorité des hommes ne s'engageront jamais dans une vaste entreprise, même avantageuse pour eux-mêmes, sans qu'ils puissent voir d'avance toute la longueur du voyage dans lequel on leur demande de s'embarquer. Son ampleur les dissuadera. Mais s'ils parviennent à franchir avec succès une étape après l'autre , ils se retrouveront à la fin du voyage presque sans s'en rendre compte. C'est là que réside l'importance de ne révéler de vastes desseins qu'à quelques esprits choisis dont l'esprit y est bien adapté.

Diplomatie à Bowling Green.

Une vérité de ce genre s'applique aussi bien aux amis qu'aux ennemis. Ainsi, dans l'approche de négociations difficiles, la véritable dextérité de la diplomatie, comme un bon joueur de quilles utilisant le parcours du green, consiste à découvrir le biais existant de l'affaire. Comme le disait Epictète, l'ancien philosophe, dans son manuel : « Il y a en toute chose deux poignées, l'une par laquelle il est facile à porter, l'autre difficile. Ne le prenez pas par une fin difficile, car si vous le faites, vous ne pourrez ni le soulever ni le porter. Mais si vous le prenez par le côté droit , vous le porterez sans peine. Or, le moyen le plus simple de trouver le bon parti pris est de faire apparaître chaque proposition que vous avancez comme une déclaration des intérêts de ceux avec qui vous négociez, car puisque la diplomatie est la tentative de trouver une base d'action ou d'accord commun, elle Il est évident que plus la partie adverse sera amenée à voir vos desseins sous son propre jour et à les accepter ainsi, plus sûrement sa coopération à toute action sera fructueuse tant pour elle-même que pour vous.

Les préjugés de la nature humaine.

Or, bien sûr, rares sont les hommes qui se départiront entièrement de leurs propres sentiments en faveur de ceux des autres, ou qui avoueront qu'ils avaient tort, surtout si la question est menée dans une discussion acrimonieuse dans laquelle le négociateur affronte tous les arguments. librement par contradiction. Mais le diplomate avisé saura néanmoins exploiter la nature humaine de manière à amener les opposants les plus endurcis à relâcher progressivement leur emprise sur certaines opinions ; et cela peut être plus facilement atteint en abandonnant l'approche qui a provoqué le différend initial et en abordant la question sous un autre aspect. Ainsi, par la flatterie de son *amour-propre* , ou par tout autre procédé susceptible de le mettre de bonne humeur , le concurrent dans une négociation peut être amené à considérer la question sous un jour nouveau, et à accepter à la fin de la négociation que qu'il répudia avec violence dès son début. Et, si déraisonnable que soit la majorité de l'humanité, on observera toujours que les hommes conservent tellement de respect pour la raison qu'ils espéreront toujours être jugés par l'autre homme comme agissant sur des bases raisonnables. Le négociateur saura exploiter cette forme subtile d'orgueil intellectuel. Et surtout lorsqu'il y a plus d'une partie à la négociation, le diplomate astucieux sera capable d'exploiter les faiblesses de chacune des deux autres parties, tout en flattant chacune à son tour pour son attitude raisonnable et politique.

Ce n'est que le premier pas qui coûte .

Avant tout, au début d'une négociation, comme je l'ai dit, il est nécessaire, dans toute affaire longue et compliquée, de présenter l'affaire sous son jour le plus facile et le plus avantageux, et pour ainsi dire d'y impliquer toutes les parties afin que ils pourraient bien être lancés sur l'ensemble de l'entreprise avant qu'ils se rendent compte de son ampleur. Pour cela, le négociateur doit apparaître comme une personne agréable, éclairée et clairvoyante ; il doit se garder de vouloir se faire passer trop ostensiblement pour un manipulateur rusé ou adroit. L'essence de l'habileté consiste à le dissimuler, et le négociateur doit toujours s'efforcer de laisser une impression de sincérité et de bonne foi à ses collègues diplomates. Et il doit se garder de tenter de forcer une décision ou de fouler aux pieds les difficultés qui se présentent, car s'il se comporte ainsi , il ne manquera pas d'attirer sur lui l'aversion de ceux avec qui il a affaire et d'attirer ainsi des préjugés sur lui. les créations de son maître. Il vaudrait mieux qu'il passe pour moins éclairé qu'il ne l'est réellement, et qu'il s'efforce de mener sa propre politique au succès en s'appuyant sur des raisons bonnes et solides plutôt qu'en méprisant la politique des autres. La faute inverse est également à éviter. Le négociateur ne doit pas se laisser influencer par d'autres hommes, notamment par des personnalités puissantes qui ont tendance à influencer les esprits de tous ceux qu'ils rencontrent.

La diplomatie ne prospère pas grâce aux menaces.

Plus le prince est puissant, plus son diplomate doit être suave , car comme un tel pouvoir est susceptible d'éveiller la jalousie de ses voisins, le diplomate doit le laisser parler de lui-même et utiliser plutôt sa propre force de persuasion au moyen de la modération. pour soutenir les justes droits de son prince que pour vanter sa puissance ou l'étendue de ses domaines. Les menaces nuisent toujours à la négociation et poussent souvent une partie à des extrémités auxquelles elle n'aurait pas eu recours sans provocation. Il est bien connu que la vanité blessée pousse souvent les hommes dans des voies qu'une évaluation sobre de leurs propres intérêts les amènerait à éviter. Bien entendu, lorsqu'un prince a de réels sujets de plainte contre un autre, surtout contre un inférieur, dans des circonstances où il faut faire du délinquant un exemple, il faut que le coup tombe aussitôt après que la menace a été donnée, afin que le délinquant ne puisse être en danger. une position, soit par les retards de la diplomatie, soit par tout autre moyen, pour se protéger d'une juste punition. Plus le délai est long entre la menace et son exécution, plus il est probable que le coupable pourra s'allier avec d'autres puissances et éviter ainsi le juste châtiment du prince à qui il a fait du tort.

Le bon chrétien.

Le négociateur sage et éclairé doit bien entendu être un bon chrétien, et il doit laisser transparaître son caractère dans tous ses discours, dans sa manière de vivre, et doit interdire aux personnes méchantes et insouciantes de franchir son seuil. La justice et la modestie doivent régir toutes ses actions ; il doit être respectueux envers les princes ; affable et accessible avec ses égaux ; prévenant envers ses inférieurs, et civil et honnête avec tout le monde.

Chez soi dans un pays étranger.

Il doit se conformer aux us et coutumes du pays où il vit, sans leur montrer de répugnance ni exprimer de mépris, comme le font fréquemment les diplomates qui ne perdent aucune occasion de louer leur propre pays et de décrier tous les autres. Le diplomate doit garder à l'esprit une fois pour toutes qu'il n'est pas autorisé à exiger qu'une nation entière se conforme à son mode de vie, et qu'il est plus raisonnable, et à long terme grandement pour son propre confort, de s'accommoder modes de vie étrangers. Il doit se garder de critiquer la forme de gouvernement ou la conduite personnelle du prince auprès duquel il est accrédité. Au contraire, il doit toujours louer ce qui est louable sans affectation et sans flatterie, et s'il comprend bien sa propre fonction, il découvrira rapidement qu'il n'y a pas de nation ni d'État qui n'ait pas beaucoup de bons côtés, d'excellentes lois, et aussi de charmantes coutumes . aussi mauvais; et il découvrira vite qu'il est facile de distinguer les bons points, et qu'il n'y a aucun profit à dénoncer les mauvais, pour la très bonne raison que rien de ce que le diplomate peut dire ou faire ne modifiera les habitudes domestiques ou ne changera. lois du pays dans lequel il vit. Il doit être fier de connaître l'histoire du pays, afin de pouvoir faire plaisir au prince en louant les grands exploits de ses ancêtres, ainsi que pour son propre bénéfice d'interpréter l'actualité à la lumière de l'histoire. mouvements du passé. Lorsqu'on saura que le négociateur possède de telles connaissances et les utilise à bon escient, son crédit augmentera certainement, et s'il est assez adroit pour orienter ses conversations à la cour vers les sujets qu'il maîtrise parfaitement, il constatera que sa tâche diplomatique est grandement aidé, et que le plaisir qu'il donne à son entourage lui est largement récompensé par la douceur de la négociation.

Le secret du succès.

Le diplomate doit cependant garder constamment à l'esprit, tant dans son travail que dans ses loisirs, les objectifs qu'il est censé servir dans le pays étranger et doit subordonner son plaisir personnel et toutes ses occupations à leur poursuite. Dans cette affaire, les deux principaux objectifs que se propose l'habile négociateur sont, comme je l'ai dit, de conduire les affaires de son maître à un résultat prospère, et de ne ménager aucun effort pour découvrir les desseins des autres. Et comme les moyens à employer dans les deux cas sont les mêmes, c'est-à-dire acquérir l'estime, l'amitié et la confiance du prince lui-même et de ceux qui détiennent l'autorité autour de lui, il n'y a pas de moyen plus sûr de les employer que de se rendre personnellement agréable. Il est merveilleux de voir comment une *persona grata* parvient à déraciner les soupçons les plus profonds et à effacer le souvenir des insultes les plus graves. Si le diplomate est mal vu à la cour , il n'est pas un véritable serviteur des intérêts de son maître ; car celui qui n'est pas en faveur ne sera pas en mesure de savoir ce qui se passe et ne sera donc qu'un piètre guide pour son gouvernement d'origine en l'aidant à définir sa politique. La responsabilité de placer un mauvais type de diplomate dans une bonne position incombe bien sûr au ministre qui le nomme, mais il existe de nombreux cas dans lesquels une nomination mal adaptée a été rachetée par l'assiduité intrépide et la courtoisie sans faille du diplomate lui-même ; mais comme cela impose une pression inutile à l'ambassadeur, le ministre des Affaires étrangères devrait toujours avoir soin de nommer des hommes appropriés à tous les postes étrangers.

Assistance à domicile.

J'ai déjà décrit les caractéristiques qui composent l'aptitude ; Je me contenterai d'ajouter ici qu'aucun diplomate ne peut réussir dans sa tâche étrangère s'il n'est pas bien soutenu par son propre gouvernement et s'il n'a pas toutes les chances de comprendre sa politique. Il sera ainsi en mesure d'exploiter au mieux chaque situation et de démentir les fausses rumeurs propagées par l'ennemi. Ce soutien de la part de son gouvernement implique une demande complémentaire de sa part, car il est de la plus haute importance qu'il se tienne au courant de tous les mouvements contemporains dans son propre pays ; qu'il connaisse intimement le caractère personnel du souverain et de son ministre des Affaires étrangères, afin de pouvoir deviner, dans les moments de doute, ce qui est dans l'esprit de ceux qui l'emploient. Sans cette connaissance, il s'égarera certainement, et sans un contact constant avec son gouvernement d'origine, la conduite de la diplomatie ne pourra prospérer entre ses mains.

La bonne foi est la meilleure arme.

En ce qui concerne les relations que le diplomate entretient à l'étranger, il faut observer que si son succès dépend en partie de son affabilité envers tous les hommes, il doit user de la plus grande discrétion dans toutes ses relations les plus intimes et, surtout, il doit essayez de nouer des amitiés professionnelles sur la base de l'avantage et du respect mutuels. Il n'y a pas de permanence dans une relation commencée par des promesses qui ne peuvent être honorées et, par conséquent, comme je l'ai déjà dit, le recours à la tromperie en diplomatie est nécessairement restreint, car il n'y a pas de malédiction plus rapide à se percher qu'un mensonge qui a été découvert. Au-delà du fait qu'un mensonge est indigne d'un grand ministre, il fait en réalité plus de mal que de bien à la politique car, s'il peut conférer le succès aujourd'hui, il créera une atmosphère de suspicion qui rendra le succès impossible demain. Sans doute un ambassadeur recevra beaucoup de renseignements qu'il est de son devoir de transmettre ; mais s'il n'est pas en mesure de le tester , il se contentera de le transmettre sans commentaire ni garantie de sa véracité. En général , le but suprême du diplomate devrait être d'acquérir une telle réputation de bonne foi auprès de son propre gouvernement et également à l'étranger qu'il se fiera à la fois à ses informations et aux conseils qu'il donne.

La valeur d'un rapport franc.

A cet égard, il devra prendre soin, lorsqu'il rendra compte de temps à autre du déroulement des négociations à son maître, de ne pas laisser entrevoir des perspectives de succès avant que le succès lui-même ne soit à sa portée. Il vaut bien mieux qu'il décrive les difficultés de l'affaire et l'improbabilité du succès, même s'il est pratiquement sûr dans son esprit de réussir. Il acquerra un crédit bien plus grand en réussissant dans une entreprise dont il ne promet lui-même que peu de choses que dans une entreprise dont il a toujours rendu compte favorablement . Il est toujours bon pour le crédit d'un négociateur que de bons rapports sur lui arrivent de différentes sources, car une telle preuve indépendante de la valeur des services d'un diplomate doit être très appréciée par tout prince et profitera au diplomate lui-même . Il est évident que plus il réussit dans les relations qu'il noue devant un tribunal étranger, plus le diplomate recevra sûrement un témoignage indépendant de son mérite. Mais qu'il ne recherche pas un tel témoignage par des moyens indignes. A cet effet, il ne devra ni corrompre les serviteurs d'autrui, ni prendre à son service des indigènes d'une cour étrangère. Il est trop évident qu'il s'agira probablement d'espions.

Sur l'acceptation des cadeaux.

Lui-même ne doit jamais consentir à accepter des cadeaux d'une cour étrangère, sauf avec la connaissance et la permission expresses de son maître, ou dans les cas communément permis par l'usage de la cour, tels que ceux donnés à l'arrivée ou au départ d'un ambassadeur. Celui qui reçoit des cadeaux à toute autre condition peut être accusé de se vendre, et donc de trahir le prince qu'il sert. S'il ne préserve pas son indépendance , il ne peut pas représenter son propre maître ni maintenir la haute dignité de sa fonction. Cette dignité doit rester au-delà de tout soupçon. Elle est indispensable à tout ambassadeur, même si elle n'a pas besoin d'être accomplie à tout moment et en tout lieu, car le diplomate comprendra facilement qu'à certains moments il peut gagner la bonne grâce de son entourage en vivant dans un environnement facile, affable, et familière parmi ses amis. S'envelopper à tout moment dans la dignité officielle n'est qu'une arrogance absurde, et le diplomate qui se comporte ainsi repoussera plutôt qu'attirera.

Le Conte de Don Estevan de Gamarre .

Il existe bien des occasions importantes où le diplomate aura besoin de tout son esprit et de toute sa prudence. Il lui arrivera souvent d'annoncer de mauvaises nouvelles ou de donner des conseils désagréables à un prince habitué à être flatté par ses ministres, qui, pour diverses raisons privées, lui cachent généralement de mauvaises nouvelles. Permettez-moi de donner un exemple de ce que je veux dire : Don Estevan de Gamarre avait servi le roi d'Espagne pendant de nombreuses années avec zèle et fidélité tant dans la guerre que dans la diplomatie, particulièrement aux Pays-Bas où il avait été longtemps ambassadeur. Il avait un parent au Conseil du roi tout à fait disposé à mettre en valeur les services de l'ambassadeur, et pourtant il ne reçut aucune récompense, tandis que les retardataires de toutes sortes accédaient à de hautes fonctions tant au pays qu'à l'étranger. Il résolut d'aller à Madrid pour découvrir la cause de sa mauvaise fortune. Il se plaignit auprès de son parent, le ministre, en citant plusieurs cas dans lesquels des services importants qu'il avait rendus avaient été passés sous silence et oubliés. Le ministre l'ayant entendu, répondit tranquillement qu'il n'avait personne d'autre à blâmer que lui-même, et que s'il avait été aussi bon courtisan que brillant diplomate et sujet fidèle, il aurait reçu le même avancement que ceux dont les mérites étaient moins, mais que sa sincérité était un obstacle à sa bonne fortune, car ses dépêches étaient toujours pleines de vérités désagréables qui irritaient le roi . *Les dents du roi sur le fil.* Par exemple, lorsque les Français remportèrent une victoire , il raconta l'histoire fidèlement et sans tenir compte des sentiments espagnols dans ses dépêches . Ou s'ils assiégeaient une ville, il prédirait sa chute certaine à moins que de l'aide ne soit envoyée. Ou dans un autre cas, où un allié avait exprimé son mécontentement parce que la cour espagnole semblait susceptible de ne pas lui rester fidèle, il a insisté pour que le roi tienne parole dans un langage qui n'était ni diplomatique ni persuasif, et pendant ce temps, d'autres négociateurs espagnols d'autres régions de France, plus soucieuses de leurs propres intérêts, informaient le roi que les Français étaient décadents, que leurs armées étaient indisciplinées et tout à fait incapables de mener une campagne efficace, et ainsi de suite : ce à quoi le ministre lui-même ajoutait que le roi en conseil Il ne pouvait pas trop récompenser ceux qui envoyaient de si bonnes nouvelles, ni trop facilement oublier un homme comme lui qui n'écrivait jamais que la vérité désagréable.

La tromperie en faveur à Madrid.

Alors Don Estevan de Gamarre , surpris par ce tableau de la Cour d'Espagne dessiné pour lui par son parent, répondit : « Apparemment la fortune à Madrid favorise le trompeur et la faveur de la Cour peut être gagnée par le mensonge. Je n'ai plus aucun scrupule quant à mon avenir. Il retourna ensuite aux Pays-Bas, où il profita si facilement des conseils de son parent, que, pour employer un terme espagnol, il gagna plusieurs *Mercedes* , et il vit ses propres affaires prospérer dans la mesure où il parvenait à inventer des raisons. pourquoi les affaires de l'ennemi doivent échouer. On peut en conclure que la cour d'Espagne a voulu se tromper et a donné carte blanche à ses ambassadeurs pour faire fortune aux dépens des véritables intérêts de la monarchie. Il y a ici une morale tant pour les ministres au pays que pour les ambassadeurs à l'étranger, sur laquelle je n'ai pas besoin d'insister. La vérité nécessite deux agents, l'un pour dire et l'autre pour entendre.

Sur les traités et leurs ratifications.

Entre États souverains, il existe de nombreuses sortes de traités, dont les principaux sont les traités de paix, les armistices, les traités commerciaux et ceux qui réglementent les alliances ou garantissent la neutralité. Il existe des traités publics et secrets. Il existe même des traités contingents, ainsi appelés parce que leur succès dépend d'événements futurs. Lorsque les ministres de deux puissances égales signent un traité , ils en font deux copies, ce qu'on appelle un instrument double. Dans chaque exemplaire, l'ambassadeur qui le rédige met en tête le nom de son propre prince et signe son ordre en pied, indiquant ainsi que ni lui ni son maître ne renoncent à prétendre à la première place en Europe. Et comme tous les nouveaux traités sont fondés sur le précédent des anciens et se réfèrent probablement à des mesures prises en vertu de traités antérieurs, ils sont toujours rédigés sous la même forme et souvent dans le même nombre d'articles. Or, en rédigeant un traité, il est du devoir du diplomate éclairé de veiller à ce que la déclaration de politique contenue dans le document en main n'entre pas en conflit avec ou ne porte pas préjudice à quelque autre entreprise de son gouvernement. Il doit également veiller à ce que les conditions soient énoncées si clairement qu'elles ne puissent pas être sujettes à des interprétations diverses. Il en ressort évidemment que le négociateur doit maîtriser la langue dans laquelle se déroule la négociation, et notamment celle dans laquelle le traité lui-même est rédigé, sinon il se retrouvera dans des difficultés et des complications sans fin. Le sens d'un traité peut facilement dépendre d'un seul mot, et à moins que le diplomate ne soit parfaitement à l'aise dans la langue en question , il ne sera pas en mesure de juger si les mots qu'il propose d'utiliser conviennent. L'ignorance des langues étrangères est peut-être l'inconvénient le plus grave dont puisse souffrir la diplomatie. Or, si les princes et les États souverains confient les négociations à des diplomates armés des pleins pouvoirs, ils ne concluent ni ne signent néanmoins de traités que sur leur propre ratification expresse, donnée de leur propre main et scellée de leur propre sceau, et les traités ne sont jamais publiés avant qu'ils ne soient publiés. ont été ratifiés et ne peuvent prendre effet qu'après leur publication, sauf dans les cas spécialement prévus, où certains articles et quelquefois le traité tout entier sont délibérément tenus secrets.

Sur la rédaction des dépêches .

Si l'art de manier un tribunal étranger constitue la partie principale de la diplomatie, il n'en est pas moins important que le diplomate lui-même soit capable de rendre par écrit un compte rendu exact et fidèle de son propre tribunal, tant en ce qui concerne les négociations dont il a la charge et pour toutes les autres affaires qui en découlent. Les lettres qu'un diplomate écrit à son prince s'appellent des dépêches , et doivent être dépourvues de verbiage, de préambules et autres ornements vains et inutiles. Ils doivent rendre compte de ses actes de manière complète, en commençant par sa première *démarche* à son arrivée au tribunal étranger, en décrivant en détail la manière dont il a été reçu, puis en décrivant étape par étape les moyens par lesquels il se propose d'arriver à une compréhension de tout ce qui se passe autour de lui. Ainsi, les dépêches d'un diplomate véritablement habile présenteront un tableau du pays étranger, dans lequel il décrira non seulement le déroulement des négociations qu'il mène lui-même, mais une grande variété d'autres questions qui constituent l'arrière-plan et le cadre essentiels de ses négociations. action politique.

Une galerie de portraits.

Il contiendra les portraits non seulement du roi lui-même, mais de tous ses ministres, et même de toutes les personnes qui ont de l'influence sur la marche des affaires publiques. Ainsi , le diplomate compétent peut confier à son maître tout le matériel nécessaire à un véritable jugement sur le pays étranger, et plus il s'acquitte avec succès de cette partie de ses fonctions, plus sûrement il donnera à son maître le sentiment d'être lui-même. avait vécu à l'étranger et regardé les scènes décrites. Dans les circonstances actuelles, tous les diplomates français, ambassadeurs et envoyés, ont l' honneur de communiquer directement avec le roi afin de rendre compte de leur gestion à l'étranger, alors qu'autrefois ils n'étaient autorisés à transmettre leurs rapports que par l'intermédiaire d'un secrétaire d'État à l'étranger. Affaires étrangères. Cette dernière procédure les a sans doute amenés à être plus circonspects tant en la matière que dans le style de leurs dépêches . C'est regrettable, car il n'y a rien de plus important que que le diplomate vivant à l'étranger se sente capable d'écrire avec franchise , liberté et force, dans tous ses efforts pour décrire le pays dans lequel il vit.

Qualités d'une bonne expédition .

Les meilleures dépêches sont celles écrites d'une manière claire et concise, sans fioritures d'épithètes inutiles, ni de quoi que ce soit qui puisse obscurcir la clarté de l'argumentation. La simplicité est la première nécessité, et les diplomates doivent prendre le plus grand soin d'éviter toutes affectations telles que la feinte de l'esprit ou l'excès savant des discours scientifiques. Les faits et les événements doivent être exposés dans leur véritable ordre et de manière à permettre d'en tirer les déductions appropriées. Il convient de les replacer dans leur contexte pour indiquer à la fois les circonstances et les motifs qui guident l'action des tribunaux étrangers. En effet, une dépêche qui se contente de réciter des faits, sans les discuter à la lumière des motivations et de la politique des personnes en position d'autorité, n'est rien d'autre qu'une chronique judiciaire vide de sens. Le bon type d' envoi n'a pas besoin d'être long, car même la discussion la plus complète des motifs et des circonstances peut être présentée sous une forme compacte ; et plus il est compact et clair, plus il convaincra le lecteur.

Sur la tenue d'un journal.

Ceci m'amène à suggérer que le diplomate trouvera utile de noter quotidiennement les principaux points dont il doit rendre compte, et qu'il devrait prendre l'habitude particulière de s'asseoir à son bureau dès qu'il revient d'une audience royale. et écrire au meilleur de ses souvenirs exactement ce qui a été dit, comment cela a été dit et comment cela a été reçu. Ce journal, qui constitue un élément précieux de l'équipement diplomatique, l'aidera grandement à rédiger ses dépêches et lui donnera le moyen de corriger ultérieurement sa propre mémoire. Il devrait rédiger ses dépêches sous la forme de courts articles séparés, chacun portant sur un seul point particulier, car s'il devait présenter sa dépêche en un seul paragraphe lourd et ininterrompu, il pourrait ne jamais être lu. Un vieux négociateur avisé de ma connaissance disait avec raison qu'une dépêche rédigée de manière ordonnée et composée de plusieurs paragraphes courts et clairs était comme un palais éclairé par de nombreuses fenêtres, de sorte qu'il n'y avait aucun coin sombre à l'intérieur.

Archives ordonnées.

Outre son journal, le négociateur doit tenir une minute exacte de toutes les dépêches qu'il rédige et les conserver par ordre chronologique pour pouvoir s'y référer facilement. Il doit faire de même avec ceux qu'il reçoit. Un registre bien organisé est une bonne chose pour le négociateur. Il y a certains négociateurs qui, assis la nuit à leur bureau, notent tout ce qu'ils ont appris ou deviné pendant le jour, afin d'être toujours prêts à fournir dans ce journal la matière première, pour ainsi dire, de leurs jugements sur les événements. . Il est parfois sage de suivre l'usage de la cour romaine et de consacrer des lettres séparées, scellées séparément, à chacun des principaux sujets sur lesquels des dépêches sont envoyées. C'est notamment le cas lorsqu'il est nécessaire de fournir à un ambassadeur des instructions sur plusieurs points différents, car il peut être tenu de produire ses instructions au ministre des Affaires étrangères, et il serait bon qu'il puisse le faire sur des points en particulier. question sans révéler les instructions qu'il a reçues sur d'autres sujets.

Lorsque des négociations importantes sont en cours, aucune dépense ne doit être épargnée pour maintenir un service de courrier efficace, même si, d'un autre côté, le jeune diplomate doit se garder d'envoyer par courrier spécial tout ce qui n'est pas de la première importance.

Discrétion dans la rédaction des expéditions .

C'est au négociateur lui-même de décider avec quelle liberté il peut écrire sur les personnes et les événements d'un pays étranger. Il serait sage qu'il se décide dans la mesure où il peut compter sur la bonne foi soit de son propre roi, soit de son ministre des Affaires étrangères, car il est concevable que les dépêches qu'il écrit puissent être montrées au prince . ou les ministres qui y sont décrits. En cela comme en bien d'autres matières, le diplomate doit connaître le caractère aussi bien du personnage qu'il décrit que de celui des personnages auxquels ses dépêches sont adressées. Alors qu'il est assis à son bureau pour rédiger sa dépêche , il devrait se rappeler à quel point il constitue un lien important entre deux grandes nations ; combien peut dépendre de la manière dont il présente sa lecture des événements à son propre gouvernement, et par conséquent quelle est la vitalité et la portée des intérêts qui lui sont confiés. En se souvenant de cela, il chargera son secrétaire et les attachés de son ambassade d'être les yeux et les oreilles de sa diplomatie et d'imiter son exemple en tenant quotidiennement un registre minutieux des impressions, des événements et des personnes. En comparant ses notes avec ses subordonnés , il pourra d'autant mieux s'acquitter d'une de ses fonctions principales, qui est de distinguer avec soin les informations douteuses des informations vraies.

L'actualité dans son bon cadre.

Il arrive souvent que l'actualité soit la plus incertaine au moment où elle est la plus importante. Il aura donc soin de le transmettre dans le cadre convenable de toutes les circonstances qui l'accompagnent, afin que le prince ait quelque matière pour juger si l'avis de son ambassadeur est bien fondé. Il ne fait aucun doute que dans des crises de ce genre, l'habitude d'une correspondance privée entre le ministre des Affaires étrangères et le roi et ses ministres à l'étranger est de la plus grande utilité, car elle leur permet de discuter de toutes les questions avec une liberté qui est refusée aux dépêches d'un pays . type plus formel; et cela placera souvent le gouvernement du pays en possession de connaissances qui lui seront de la plus haute valeur. Et comme un véritable jugement sur les événements dans un pays dépend souvent de ce qui se passe dans les autres, un diplomate à l'étranger restera toujours en contact avec ses collègues dans d'autres pays étrangers, afin d'être informé du cours des événements ailleurs. . Cette coopération entre ambassadeurs à l'étranger est l'un des aspects les plus utiles de la diplomatie.

Chiffres.

Comme le secret est l'âme même de la diplomatie, l'art d'écrire des lettres en chiffres a été inventé pour dissimuler le message écrit, mais à moins que le chiffre ne soit particulièrement habile, l'industrie des hommes, dont l'esprit est aiguisé par la nécessité et par l'intérêt personnel. , ne manquera pas d'en découvrir la clé. En fait, cela a été amené à tel point qu'il existe maintenant des hommes qui sont connus comme des déchiffreurs professionnels, bien que selon toute probabilité, comme je le crois, leur réputation repose en grande partie sur l'ineptie de mauvais chiffres plutôt que sur leur découverte d'un bon chiffre. . En effet, l' expérience montre qu'un chiffre bien conçu et bien gardé est pratiquement introuvable sauf par quelque trahison, c'est-à-dire que l'esprit même de l'étudiant en chiffre le plus intelligent ne parviendra pas à percer son secret s'il n'est pas aidé par une aide précieuse. la corruption. Il est donc du devoir de l'ambassadeur, s'étant assuré que les chiffres de son gouvernement sont adroitement faits, de prendre tous les moyens pour les protéger, et surtout de s'assurer que le personnel de son ambassade comprend non seulement l'usage du chiffre. lui-même, mais l'extrême importance de le protéger des regards non autorisés . Et certainement l'ambassadeur ne doit pas adopter la pratique indolente, dont j'ai connu un ou deux cas, où la partie la moins importante d'une dépêche était écrite *en clair*, et l'ambassadeur lui-même ajoutait la partie essentielle en chiffre. Une action de ce genre est un chef-d'œuvre de futilité, car elle conduit directement à la compromission du chiffre lui-même. Car si la lettre tombe entre les mains de l'ennemi, il ne sera pas difficile à un espion habile de deviner la manière dont la phrase est chiffrée à partir du contexte écrit *en clair*.

En un mot, l'ambassadeur et ses collaborateurs doivent garder un chiffre comme ils garderaient les secrets les plus intimes de leur propre cœur. Un chiffre vraiment efficace vaut littéralement bien plus que son poids en or.

Tâches générales.

Il est du devoir des ministres résidant dans les cours étrangères de veiller à ce que rien n'y soit publié contraire à l'honneur ou à la réputation de leur souverain, et de prendre toutes les mesures nécessaires pour empêcher la circulation de récits et de bruits préjudiciables à ses intérêts. L'ambassadeur doit avoir soin de protéger les intérêts de tous les sujets de son maître, tant en matière de libre exercice de leur religion, dans laquelle il devra même offrir son ambassade comme asile à ceux qui sont persécutés, que dans d'autres matières, agissant en comme médiateur entre ses compatriotes en cas de différend. En cas de besoin, il doit être prêt à les aider et à vivre parmi eux de toutes les manières dans une amitié facile mais digne. D'un autre côté, les personnes de position en visite dans un pays étranger ne doivent jamais négliger de présenter leurs respects à leur propre ambassadeur, et il est également du devoir de l'ambassadeur de leur rappeler son devoir envers la cour étrangère elle-même. S'il s'agit de personnalités dignes d'un tribunal, ils seront coupables d'un manquement flagrant à l'étiquette à moins qu'ils ne prennent les mesures nécessaires pour se faire connaître du souverain. Et lors de toutes sortes de festivités publiques, il devrait veiller particulièrement à ce que les membres de sa propre colonie nationale y prennent leur part et se voient accorder les droits qui leur sont dus. Plus ses relations seront bonnes avec ses compatriotes vivant à l'étranger, plus il découvrira sûrement l'ampleur des avantages réciproques qu'il en retirera, car il arrive souvent que des personnes non officielles reçoivent pour ainsi dire par accident des informations qui peuvent être de la plus haute importance. à l'ambassadeur dans ses négociations. A moins que de bonnes relations n'existent entre lui et eux, il risque de rester dans l'ignorance de faits importants.

Ces préceptes sont le fruit de l'expérience.

Dans les observations qui précèdent, je me suis contenté de donner une esquisse des qualités et des devoirs du diplomate. Il y a nécessairement beaucoup de choses qui manquent à ces notes fugitives ; mais je pense pouvoir affirmer que tous les diplomates expérimentés approuveront les conseils que j'ai donnés et déclareront que plus mes préceptes sont observés dans la pratique de la diplomatie, plus le succès accompagnera sûrement la politique de notre nation. Si j'ai insisté sur l'essentiel plutôt que sur la forme et les circonstances du travail diplomatique, si j'ai aussi parlé avec franchise , tant des devoirs du ministre à l'intérieur que de ses agents à l'étranger, c'est parce que je crois que la connaissance de la vérité est le préalable nécessaire à une réforme fructueuse.

Diplomatie riche en opportunités.

Mon dernier mot aux diplomates, jeunes et vieux, est qu'en temps normal, ils peuvent raisonnablement s'attendre à ce que là où ils ont fait la preuve de leurs remarquables mérites en négociation, leurs services soient reconnus et des honneurs leur soient conférés, et dans de telles affaires, l' honneur le plus élevé est sans doute se voir confier des affaires d'État de plus en plus importantes. Mais si le diplomate manque d'une telle reconnaissance, il peut trouver sa propre récompense dans la satisfaction d'avoir rempli fidèlement et efficacement les devoirs qui lui sont confiés. On a souvent dit que le service public est une tâche ingrate dans laquelle l'homme doit trouver en lui-même sa principale récompense. Si je suis tenu d'accepter cela, je ne peux pas permettre que cela soit utilisé pour décourager les jeunes hommes de bonne naissance et capables d'entrer dans ma propre profession. La déception nous attend dans tous les domaines, mais dans aucune profession les déceptions ne sont aussi largement compensées par de riches opportunités que dans la pratique de la diplomatie.